V&R

Ernst Fay (Hg.)

Das Assessment-Center in der Praxis

Konzepte – Erfahrungen – Innovationen

Mit 3 Abbildungen

Vandenhoeck & Ruprecht

Die Deutsche Bibliothek – CIP-Einheitsaufnahme

Das Assessment-Center in der Praxis :
Konzepte – Erfahrungen – Innovationen / Ernst Fay (Hg.). –
Göttingen : Vandenhoeck & Ruprecht, 2002
ISBN 3-525-46169-0

Schrift: Stempel Garamond
Satz: Fotosatz 29b, Göttingen
Druck und Bindung: Hubert & Co., Göttingen

Inhalt

Vorwort

»Da machte sich Jerubbaal – das ist Gideon – früh auf und das ganze Kriegsvolk, das mit ihm war, und sie lagerten sich an der Quelle Harod, so daß er das Heerlager der Midianiter nördlich von dem Hügel More im Tal hatte.

Der HERR aber sprach zu Gideon: Zu zahlreich ist das Volk, das bei dir ist, als daß ich Midian in seine Hände geben sollte; Israel könnte sich rühmen wider mich und sagen: Meine Hand hat mich errettet. So laß nun ausrufen vor den Ohren des Volks: Wer ängstlich und verzagt ist, der kehre um. So sichtete sie Gideon. Da kehrten vom Kriegsvolk zweiundzwanzigtausend um, so daß nur zehntausend übrig blieben.

Und der HERR sprach zu Gideon: Das Volk ist noch zu zahlreich. Führe sie hinab ans Wasser; dort will ich sie dir sichten. Und von wem ich dir sagen werde, daß er mit dir ziehen soll, der soll mit dir ziehen; vom wem ich aber sagen werde, daß er nicht mit dir ziehen soll, der soll nicht mitziehen.

Und er führte das Volk hinab ans Wasser. Und der HERR sprach zu Gideon: Wer mit seiner Zunge Wasser leckt, wie ein Hund leckt, den stelle besonders; ebenso wer niederkniet, um zu trinken.

Da war die Zahl derer, die geleckt hatten, dreihundert Mann. Alles übrige Volk hatte kniend getrunken aus der Hand zum Mund.

Und der HERR sprach zu Gideon: Durch die dreihundert Mann, die geleckt haben, will ich euch erretten und die Midianiter in deine Hände geben; aber alles übrige Volk laß gehen an seinen Ort.«

(Gideons Sieg über Midian, Buch der Richter 7,1-7)

Sie haben soeben einen der ersten schriftlich überlieferten Berichte zur Personalauswahl gelesen. Nach heutiger Nomenklatur würde man von einer »sequenziellen Personalauswahlstrategie im Bereich der Wehrpsychologie« reden. In einem ersten Schritt wird die Zielgruppe definiert und ausgesprochen – im Buch der Richter über die zielgruppenspezifische Ansprache des »Kriegsvolkes« – heute über eine von einer Designerfirma entworfene Annonce in der FAZ oder in »DIE ZEIT«. Im Alten Testament wird die Aufforderung zur Introspektion, zum Self Assessment, zum In-sich-Gehen genannt (»Wer ängstlich und verzagt ist, der kehre um«), heute heißt bei uns – positiv gewendet – die Aufforderung »Wer führungsstark, teamfähig und belastbar ist, der komme zu uns!«

Dann, auf der zweiten Stufe, die Arbeitsprobe: Ausgewählt durch den HERRN wurden jene, die mit ihrer Zunge Wasser leckten wie ein Hund, die dem zivilisatorischen »Aus-der-Hand-zum-Mund-Trinken« fern standen. Im Assessment-Center werden jene durch die Beobachter ausgewählt, die in den dort gestellten Arbeitsproben (Gruppe leiten, Verhandlung und Präsentation durchführen) reüssieren. Auch die biblischen Quoten brauchen den Vergleich nicht zu scheuen: Letztlich wurden 300 aus 32.000 (1:100) ausgewählt.

Das Ziel war eindimensional definiert – man suchte Krieger –, und es wurde erreicht, wie die weitere Lektüre des »Buches der Richter« zeigt.

Wie sieht nun demgegenüber ein heutiger Prozeß der Personalauswahl – oder weitergefaßt – der Eignungsfeststellung aus?

Was unterscheidet eine solche Eignungsfeststellung, wie sie in unseren Breiten vorgenommen wird, von einem analogen Verfahren in Übersee?

Welche Ziele werden dabei vorrangig verfolgt, welche »nebenbei«?

Welche Instrumente werden eingesetzt?

Wir, Human Resources Berater der ITB Consulting GmbH und Autoren dieses Buches, beschäftigen uns seit vielen Jahren mit diesen Fragen: Seit 1971 als Institut für Test-

und Begabungsforschung der Studienstiftung des deutschen Volkes und seit 1992 als ITB Consulting GmbH. Und diese zehnjährige Geschichte ist uns Anlaß, einige Ideen, die aus unserem Kreis stammen, in Buchform zu veröffentlichen.

Mein Dank gilt den Kolleginnen und Kollegen, die sich neben ihrem eigentlichen Aufgabenfeld des Beratens und Auswählens und Potentialanalysierens und Entwickelns und Trainierens und Organisierens die Zeit genommen haben, ihren jeweiligen Beitrag beizusteuern.

Ernst Fay

Ernst Fay

Die Multifunktionalität des Assessment-Centers

Was meint Multifunktionalität eines Assessment-Centers?

Verfahren, auf der Basis der Assessment-Center-Technik konstruiert und durchgeführt, werden zu interner wie externer Auswahl ebenso wie zu Personalentwicklungszwecken eingesetzt. Das ist bekannt und steht in jedem Buch über das Assessment-Center (AC). Zu Personalentwicklungszwecken meint dabei in aller Regel, daß aus den Ergebnissen eines AC Hinweise auf Stärken und Schwächen der Teilnehmer[1] im Hinblick auf eine Zielposition oder auch auf eine Hierarchiestufe abgeleitet und die Teilnehmer dann entsprechend plaziert werden – sei es direkt auf die Position, für die sie geeignet erscheinen, sei es in die Personalentwicklungsmaßnahme, die man für sie vorgesehen hat.

Zu kurz kommt dabei in aller Regel die Betrachtungsweise, daß die Teilnahme an einem AC ein Nolens-volens-Lernakt ist, daß sie aber darüber hinaus auch genutzt werden kann, um Lernen gezielt in Gang zu setzen – bei Beobachtern wie bei Teilnehmern. Daneben gibt es eine Reihe anderer offen kommunizierter oder nebenbei angestrebter und anzustrebender Ziele, die mit einem AC verfolgt werden (können). Ich will versuchen, aus einer annähernd 20jährigen Erfahrung in der Konstruktion und Durchführung von AC einige dieser Ziele darzustellen und zu zeigen, wie wir uns jeweils um de-

1 Im Interesse der Lesbarkeit des Textes wird bei der Bezeichnung von Personengruppen in diesem Buch nur die männliche Form verwendet; gemeint sind aber stets Frauen und Männer.

ren Erreichung bemüht haben. Was will man (noch), wenn man ein AC plant?

- Wir wollen die richtigen Personen identifizieren (Trefferquote, valide Auswahl bei Einstellung ebenso wie bei Besetzung höherwertiger Funktionen).
- Das AC-Ergebnis soll Grundlage einer gezielten Weiterentwicklung der Teilnehmer im Rahmen einer systematischen Qualifizierung sein (Standortbestimmung; Identifikation des Weiterbildungsbedarfs).
- Bewerber wie Anwender sollen unmittelbar einsehen, daß dieses und nur dieses Verfahren das richtige ist, daß das, was sie in der Auswahlsituation machen, mit der Zielposition in Verbindung steht (Augenscheinvalidität, Akzeptanz, Motivationserhöhung).
- Das AC muß zu unserer Kultur passen (Kulturkompatibilität, Passung, Akzeptanz).
- Die Bewerber sollen dabei auch unser Unternehmen kennen lernen (Informationsfunktion, Selbstpräsentation).
- Das Ganze soll auch eine Art Werbeveranstaltung für unser Unternehmen sein (PR-Funktion, Informationsfunktion).
- Die Beobachter sollen etwas lernen, was über den Tag hinaus reicht (Weiterbildungsfunktion, Personalentwicklungs (PE)-Funktion).
- Die im AC vertretenen unterschiedlichen Arbeitsbereiche sollen sich kennen lernen und ihre Maßstäbe aneinander ausrichten (PE-Funktion, aber auch Organisationsentwicklungsaspekte).
- Die vertretenen Bereiche sollen erkennen, daß auch im jeweiligen Nachbarbereich fähige Personen arbeiten (Organisationsentwicklungsfunktion; Bereichsgrenzen durchlässig machen).

Multifunktionalität meint: Neben dem eigentlichen Ziel lassen sich auch noch andere Ziele erreichen. Neben der Hauptfunktion kann ein Assessment auch noch andere Funktionen übernehmen. Ich will auf die Marketingfunktion eingehen (dargestellt am Beispiel einen Auswahlverfahrens für Trainees), die individualdiagnostische Funktion streifen, Überlegungen zur »Team-Auditierung« anstellen und Beispiele zur impliziten und expliziten Personal- und Organisationsentwicklungsfunktion darstellen.

Die Marketingfunktion

Eine Marketingfunktion in dem in der Folge beschriebenen Sinn kann vor allem ein Assessment haben, das mit externen Bewerbern durchgeführt wird. Natürlich wird ein Autokonzern aus einem im AC abgelehnten Bewerber nicht zwingend einen Käufer seiner Modelle, eine Bank oder ein Handelsunternehmen nicht einen Kunden machen können. Aber: Vor allem angesichts eines Marktes, auf dem eher die Bewerber sich das Unternehmen aussuchen als das Unternehmen sich die Bewerber aussucht, wird zunehmend die Forderung an uns als Entwickler und Durchführer gestellt, ein Auswahl-Verfahren so zu konzipieren, als sei es eine PR-Maßnahme für das durchführende Unternehmen. Heutzutage betrifft dies insbesondere die Auswahl von Trainees, teilweise auch die von Auszubildenden.

Ich erinnere mich noch sehr gut an ein Gespräch mit einem Teilnehmer an einem Trainee-Auswahl-AC. Er erzählte mir von seiner bisherigen – noch sehr kurzen – Bewerberkarriere und von einem Unternehmen, das ihn auf seine Bewerbung hin eingeladen hatte. Er vermißte Angaben über Inhalt und Dauer der geplanten Begegnung, rief an und erfuhr, man wolle ein etwa einstündiges Interview mit ihm durchführen. Seine Reaktion – zumindest mir gegenüber: »Zu einem Unternehmen, das glaubt, mich in einer Stunden kennen lernen zu können, gehe ich nicht.« Diese Erkenntnis, das einstellende Unternehmen offenbare über seine Rekrutierungspraxis ein nicht unbedeutendes Stück Unternehmenskultur, habe ich immer wieder angetroffen. Und: Dies ist ein intelligentes Vorgehen eines Bewerbers, der im Rahmen des Bewerbungs- oder Auswahlprozesses erstmals mit dem Arbeitgeber konfrontiert wird, bei dem er die nächsten Jahre zu verbringen gedenkt. Ein solches Verhalten seitens eines Unternehmens vermittelt einen Eindruck jenseits der bekundeten Werte, die sich in der Homepage, in Hochglanzbroschüren oder in Verlautbarungen des Vorstandssprechers niederschlagen. Und: Es dürfte in allen Fällen der validere Eindruck sein. Der Bewerber wird somit das Auswahlprozedere als Pars pro Toto nehmen: So wie man hier mit mir umgeht, so wird man auch künftig mit mir umgehen.

Nichts ersetzt hierbei natürlich das Image des Unternehmens am Markt; jedes Gerücht um eine Übernahme, jede negativ getönte Pressemeldung über zentrale Personen, Umsatzerwartungen, Freisetzung von Personal schlägt sich im Nachfrageverhalten der Zielgruppe nieder. Aber: Die Sichtweise auf das Auswahlverfahren, die jährlich womöglich Hunderte von Teilnehmern aus den Auswahl-Assessments an die Universitäten zurücktragen, hat natürlich Einfluß auf das Image des Unternehmens.[2]

Was kann ganz konkret bei der Ausgestaltung des Auswahlprozesses getan werden, um ihn zu einer PR-Veranstaltung zu machen?

Wir raten in solchen Fällen, den gesamten Auswahlprozeß unter das Motto zu stellen: Nicht nur der Bewerber bewirbt sich bei uns, auch wir bewerben uns beim Bewerber. Neben der richtigen Ansprache der Zielgruppe auf Messen, direkt an der Universität, in Printmedien, im Internet gehört dazu vor allem ein zügiger und transparenter Prozeß der Einladung. Wenn Sie sechs Wochen lang auf eine Bewerbung nicht reagieren, dann sind vor allem jene Bewerber nicht mehr interessiert, die Sie eigentlich interessieren sollten; wer noch Interesse hat, an dem sollten Sie (vielleicht) nicht mehr interessiert sein. Reagieren Sie sofort, takten Sie Ihre Auswahltage so, daß keine zu langen Wartezeiten entstehen; teilen Sie Termine und das, was Sie vorhaben mit (z. B. Vorgespräch, dann Auswahl-AC). Wir empfehlen auch dringend, auf gar keinen Fall

2 In unserem Unternehmen wird zur Zeit im Rahmen einer Diplomarbeit untersucht, wieweit sich bei den Teilnehmern an einem Assessment das Bild des Veranstalters durch das AC ändert.

geschönte Darstellungen dessen zu liefern, was auf den Trainee zukommt; niemandem – dem Bewerber nicht und dem Unternehmen auch nicht – ist damit gedient, wenn sich nach der Hälfte der Traineezeit herausstellt, daß der neue Mitarbeiter völlig andere Vorstellungen von seiner Tätigkeit hatte. Wenn klar ist, daß kein Auslandsaufenthalt ansteht, daß keine Personalverantwortung übernommen werden kann, daß ein gut Teil Routinetätigkeit zu absolvieren ist, daß Projekte in Eigenverantwortung erst nach Abschluß der Ausbildung anstehen, dann muß das so kommuniziert werden.

Die Einführung in das Verfahren selbst muß offen und transparent sein. Wir stellen zu Beginn eines jeden Assessments allen Bewerbern die Beteiligten, die Anforderungskriterien, die Elemente des Assessments und den organisatorischen Rahmen dar. Die Instruktionen zu den einzelnen Übungen sind vorab stets auf Eindeutigkeit und Verständlichkeit überprüft, so daß keinerlei Irritationen entstehen können, etwa in der Art: Was will man hier eigentlich von mir? Wir stellen den Charakter der Übung dar: So wird offen kommuniziert, daß es sich beispielsweise bei Übung A um die Streß-Übung handelt, daß die Zeit knapp kalkuliert, das Problem komplex und die Beobachter kritisch fragende sein werden, und wir erklären auch, warum eine solche Situation hergestellt wird: Weil es im Beruf auch Situationen geben wird, in denen die Zeit knapp, das Problem komplex und die Diskussionspartner kritisch sein werden (s. dazu den Anhang zu diesem Kapitel, der aus zwei Chat-Foren entstanden ist).

Das Verfahren selbst soll sowohl anspruchsvoll als auch augenscheinvalide sein: Jeder Teilnehmer soll erkennen, daß das, was zu tun er im Rahmen des AC aufgefordert ist, etwas mit dem »richtigen Leben« zu tun hat, und er soll sich gefordert und damit auch ernst genommen fühlen. Ersteres wird dann der Fall sein, wenn den Bewerbern zu vermitteln ist, daß die Beobachtung ihres Verhaltens in einer bestimmten Übung aufschlußreiche Daten darüber liefert, wie sie sich in der Zielposition in analogen Situationen bewähren werden. Das Zweite ist eine annähernd triviale Konsequenz aus der pädagogischen Erkenntnis, daß zu leichte und zu schwere

Aufgeben vergleichsweise wenig Motivation zu ihrer Bearbeitung auslösen; es ist unabdingbar, den Schwierigkeitsgrad der einzelnen Elemente am Leistungsniveau der Zielgruppe auszurichten.

Mit wachen Augen nehmen die Teilnehmer wahr, welches Maß an Wertschätzung ihnen entgegengebracht wird, welchen Aufwand der Veranstalter treibt. Das beginnt mit der Wahl des Veranstaltungsorts, streift die Verpflegung und endet nicht bei der Hierarchiestufe der anwesenden Beobachter; geschätzt wird unserer Erfahrung nach auch die Chance, mit Peers und mit Alt-Trainees ins Gespräch zu kommen. Beide haben hier eine wichtige Funktion, weil sie den Bewerbern unmittelbar aus jenen Tätigkeitsbereichen Erlebnisberichte liefern können, die von den Novizen angestrebt werden.

Ein besonderer Gewinn ist für jeden Teilnehmer ein fundiertes Feedback, das ihm offenbart, warum er am Ende des AC ein Angebot erhält oder warum nicht. Das Unternehmen begründet in diesem Feedback seine Entscheidung; der Feedbackgeber übt sich im Feedbackgeben; der Teilnehmer erfährt, was gefallen und was nicht gefallen hat; das Unternehmen ist nicht im Geruch, eine Black Box-Strategie der Auswahl zu betreiben, indem der Bewerber das AC betritt, in dem irgend etwas Geheimnisvolles passiert, von dem aber niemand so recht weiß, was es ist, aber bei dem auf jeden Fall am Ende eine Ja- oder Nein-Entscheidung steht. Das Feedbackgespräch begründet nicht nur die Entscheidung des Unternehmens für oder gegen den Kandidaten, es ist darüber hinaus für den Feedbacknehmer auch Hilfestellung bei weiteren Bewerbungen und für eine realistischere Selbsteinschätzung seiner Wirkung auf die Umwelt.

Die individualdiagnostische Funktion

AC-Verfahren können in aller Regel zwei durchaus unterschiedliche individualdiagnostische Funktionen haben:

a) das Finden des geeigneten Kandidaten, Bewerbers – etwa bei der Auswahl von Trainees, Auszubildenden, von Externen allgemein (Auswahlfunktion) und
b) die Ermittlung von Stärken und Schwächen, die dann Basis für PE-Maßnahmen (PE-Funktion, Plazierungsfunktion) sind (z. B. Sichtung einer gesamten Führungsebene im Hinblick auf künftige Besetzungsentscheidungen), im Rahmen von Umstrukturierungen (z. B. neues Placement eines ganzen Mitarbeiterstabs im Zuge einer Bereichsentwicklung); Standortbestimmungsverfahren oder Entwicklungs-AC mit dem Ziel, jedem Teilnehmer zu Beginn einer Weiterbildungsmaßnahme die Gestaltung eines je individuellen Lernplans zu ermöglichen. Hier sind die Ergebnisse des AC gleichsam die Startrampe für PE; hier wird eine Art Lernvertrag geschlossen.

Selbstverständlich gibt es immer Mischformen; kein Unternehmen, das per AC Trainees auswählt, wird die Information, wo der Ausgewählte sein Stärken und seine Schwächen hat, ungenutzt lassen, wenn erst einmal feststeht, daß der- oder diejenige eine Trainee-Stelle antreten wird. Und kein offen und transparent agierendes Unternehmen wird bei einem Potentialanalyseverfahren die Potentialstufe »im Augenblick kein Potential erkennbar« nicht definieren – und die Definition dieser Potentialstufe gibt auch dem Potentialanalyseverfahren in letzter Konsequenz einen Auswahlcharakter.

Die Team-Auditierungsfunktion

Das AC kann zur Auditierung einer gesamten Führungscrew eingesetzt werden. Wir haben den Ansatz, den ich kurz skizzieren möchte, nur in wenigen Fällen verwirklicht. Er erscheint mir aber deswegen erwähnenswert, weil er von einer absolut selbstverantwortlichen Form des Lernens aller Beteiligten ausgeht. Einbezogen in das Verfahren waren die drei obersten Führungsebenen einschließlich der Geschäftsführung. Beobachter waren ausschließlich Externe, in diesem

Fall Mitarbeiter unseres Hauses. Die Ergebnisse wurden allen Beteiligten in ausführlichen Feedbackgesprächen eröffnet, verbunden mit gezielten Lernhinweisen zur Behebung erkannter Schwächen. Der Geschäftsführung wurde – über das persönliche Feedback hinaus – eine anonymisierte Rückmeldung aller aggregierten Daten präsentiert; dieses Aggregat war Grundlage für die Entwicklung eines Weiterbildungsangebots an die Teilnehmer der Maßnahme, denen frei gestellt war, das Angebot anzunehmen.

Implizite Personalentwicklungsfunktion, oder: Learning by Doing

Kein AC ist nur Methode, jedes AC ist auch Inhalt, ist selbst PE-Maßnahme. Ich will auf zwei Stellen in der Prozeßkette AC hinweisen, in der PE implizit stattfindet.

- Jedermann, der mit der Durchführung von AC betraut und vertraut ist, weiß, daß die Berufung einer Führungskraft in den Kreis der Beobachter oft die letzte Möglichkeit ist, sie im Sinne eines Learning by Doing zur Teilnahme an einer Weiterbildungsmaßnahme zum Thema Personalbeurteilung zu bewegen. Man kennt diesen Umstand und verwendet dies auch als Argument, wenn es darum geht, Führungskräfte dazu zu bewegen, auch noch die beiden Tage der Beobachterschulung mitzumachen, obwohl sie zeitlich doch schon so eingespannt sind. Dieser Zusatznutzen ist gleichsam ein Nebenprodukt.
- Geht man etwas zurück in die Entstehungsgeschichte eines AC, dann tun sich bereits im Vorfeld Chancen auf. Ich habe kürzlich mit einer Kollegin in einem mittelständischen Unternehmen der Energiebranche eine Anforderungsanalyse durchgeführt. Per AC wurde erstmals ein Beteiligungscontroller gesucht. Wir hatten uns zur Anforderungsanalyse versammelt: der Personalbereich, der künftige Vorgesetzte, ein Jobholder, ein interner Kunde, die Geschäftsführung waren vertreten und wir tauschten uns über Anforderungen aus, über kritische Situationen, über die Fähigkeiten,

die benötigt werden, um diese Situationen zu meistern. Am Ende des Tages meinte der Geschäftsführer angesichts des gemeinsam erarbeiteten Ergebnisses, daß er froh sei, endlich zu wissen, was denn ein Beteiligungscontroller bei ihm wirklich mache und daß dies seines Wissens die erste und einzige umfassende Stellenbeschreibung im Unternehmen sei. Die Erfahrung zeigt immer wieder, daß es für alle Beteiligten sehr hilfreich sein kann, wenn sie mit den Fragen konfrontiert werden: Was machte der Stelleninhaber eigentlich ganz konkret? Was macht er im Augenblick? Soll er das auch in drei Jahren noch machen? Soll er es vor allem noch so machen, wie er es jetzt macht? Was sind die Situationen, in denen sich die Spreu vom Weizen trennen wird? Was erwartet die Abnehmerseite vom Neuen?

Für uns ist es nicht nur hilfreich, für uns ist es unabdingbar zu wissen, welches die Anforderungen sind, auf die hin wir ein AC zu konstruieren haben. Das AC ist ja letztlich der Grundidee verhaftet, eine Stichprobe jener Situationen mit den ihnen inhärenten Anforderungen abzubilden, die in der Zielposition der Bewältigung harren. Von daher würde ich zur Vorsicht raten, wenn Ihnen jemand ein fertiges AC anbietet. Kein AC kann besser sein als die Anforderungsanalyse, auf der es letztlich fußt.

Auch diesen Effekt, den besagter Geschäftsführer an sich verspürte, kann man natürlich als eine implizite PE-Maßnahme betrachten, die mit der Einbindung von Führungskräften in die AC-Entwicklung einhergeht.

Explizite Personalentwicklungs- und Organisationsentwicklungseffekte

Ich will nun anhand von drei Beispielen aufzeigen, wie wir im Rahmen der Durchführung von AC – natürlich stets begleitend zur Diagnose – ganz gezielt PE oder Organisationsentwicklung (OE) betreiben.

Das erste Beispiel könnte man als Beitrag des AC zur OE bezeichnen. Im zweiten Fall geht es um den Transport von Inhalten und im dritten Beispiel um den Transport von Methoden.

Das erste Beispiel: Organisationsentwicklung

Das Beispiel entnehme ich unserer Zusammenarbeit mit der PE-Abteilung der Holding eines Handelskonzerns. Der Zukauf einer Vertriebslinie hatte die in solchen Fällen üblichen Probleme mit sich gebracht. Man hatte mit dem neuen Unternehmen natürlich auch eine Kultur eingekauft, die nicht an allen Stellen mit der bereits vorhandenen kompatibel war. Gelingt es nicht, die Membranen, die diese Kultur umhüllen, durchlässig zu machen, dann erreicht man auch nicht das, was man mit dem Kauf dieser Vertriebslinie auch erreichen wollte: Synergien schaffen, Synergien nutzen, Kosten senken. Membranen mußten also durchlässig gemacht werden, natürlich vor allem für die Menschen, und das wiederum setzt voraus, daß Menschen von einer Linie in eine andere wechseln wollen und können. Eine Job-Rotation oder gar ein definitives Hinüber- oder Herüberwechseln von Personal ist natürlich nur dann möglich, wenn die jeweilige Abnehmerseite der Überzeugung ist, daß es bei den »anderen« auch Personen gibt, die man bei sich gut gebrauchen könnte. Wir haben daher bei der Entwicklung eines vertriebslinienübergreifenden Assessments ganz explizit zwei Ziele definiert:

- zum einen ein diagnostisches: Erkennen von Potentialen bei den von ihren Vorgesetzten benannten Teilnehmern des Assessments und
- zum zweiten explizit das Ziel, das AC als vertrauensbildende Maßnahme zu implementieren. Dies bedeutet auch: entsprechende Informationsmaßnahmen im Vorfeld, eine paritätische Besetzung der Teilnehmer- und der Beobachtercrew (wiewohl das Mutterunternehmen selbstverständlich deutlich zahlreicher vertreten war und ist), eine Auswahl von Multiplikatoren vor allem unter den Beobachtern, eine möglichst rasche Umsetzung der Ergebnisse mit dem Ziel, daß sich die beiden Linien sozusagen personell

wechselseitig durchdringen mögen. Es ging dabei natürlich auch darum, den Angehörigen der »Zugekauften« das bereits vorhandene Beurteilungsraster nahezubringen, dafür zu sorgen, daß alle Beteiligten letztlich unter dem völlig unstrittigen Label »Führungskompetenz« auch annähernd das gleiche verstanden und vieles mehr. Natürlich war das nur ein Mosaiksteinchen im gesamten Prozeß des Mergens – aber eben doch ein Steinchen. Sie wissen selbst am besten, daß unterschiedliche Subkulturen nicht nur dann entstehen, wenn Vertriebslinien hinzugekauft werden. Kulturunterschiede gibt es zwischen Innendienst und Außendienst, zwischen Produktion und Verwaltung, zwischen der ersten und zweiten Etage.

Das zweite Beispiel: Transport von Inhalten

Ich bleibe bei diesem Handelskonzern und schildere einen anderen Ansatz, mit dem wir versucht haben, die Multifunktionalität des AC zu nutzen, die ein wesentliches Argument für den Einsatz dieser relativ aufwendigen Methode ist und bei der jede funktionelle Anreicherung zusätzlich ein Gewinn ist. AC-Elemente werden noch zu oft als (weitgehend inhaltsneutrales) komplexes Reizmaterial konzipiert, das beim Bearbeiter Reaktionen provoziert, die den Beobachtern Aufschluß über den Ausprägungsgrad der zu erfassenden Kernkompetenzen geben sollen. Bei dieser Sichtweise bleibt zusätzliches Potential des Verfahrens ungenutzt.

Wir stellen folgende Ansicht entgegen: Wenn sich zwölf Führungskräfte der vierten Ebene (Teilnehmer) und sechs Führungskräfte der zweiten Ebene (Beobachter) für zwei Tage zu einem Assessment zusammenfinden, dann ist es ineffektiv, wenn in einer bestimmten Übung Flipcharts mit Ideen vollgeschrieben werden, deren Produktion zwar Einblick in die Kreativität des Ideenlieferanten gibt und deren schriftliche Gestaltung Ausdruck eines Aspekts der Kommunikationsfähigkeit des Schreibers ist, die aber ansonsten keinen weiteren, darüber hinaus weisenden Nutzen haben.

Wir suchen daher im Rahmen der Anforderungsanalyse stets nach Themenstellungen, die real anstehende Fragen und Probleme des Unternehmens abbilden. Wenn sich die besagten zwölf klugen Personen mit einem Thema auseinandersetzen, dann sollten Ergebnisse erzielt werden, die auch außerhalb des AC Bedeutung haben. Die Gruppendiskussion zum Thema »neuer Dienstwagen« kann man guten Gewissens einfach niemandem mehr anbieten.

In diesem Beispiel möchte ich einen Ansatz vorstellen, mit dessen Verwirklichung das AC über eine spezifische Gestaltung eines seiner Elemente eine weitere Funktion übernehmen kann: Unser neues AC-Element, das wir verwirklicht haben, sollte folgendem Steckbrief genügen:

- Seine Anwendung sollte Aufschluß ermöglichen über folgende Fähigkeit: sich rasch in komplexes Material einarbeiten, Schwerpunkte setzen, das Wesentliche destillieren, daraus eine Präsentation erarbeiten, die eigene Position darlegen und diese gegen Widerspruch verteidigen. Die Anforderungen sollten auf einem Niveau angesiedelt sein, das man von Führungskräften der dritten Ebene erwarten kann. In Begriffen der Schlüsselqualifikationen oder Kernkompetenzen ging es also um Verarbeitungskapazität, Aspekte von Kommunikationsfähigkeit und Belastbarkeit.
- Es sollte natürlich ein spannendes Thema sein, denn wir mußten die Vorstände dazu bringen, sich in die Thematik einzuarbeiten. In diesem Zusammenhang (zu Beginn der 90er Jahre) fiel das Stichwort ECR. Efficient Consumer Response war und ist vor allem im Lebensmittelhandel das, was das Just-in-Time-Konzept für Hersteller und Zulieferer im Investitionsgüterbereich ist. Es geht bei ECR um eine Optimierung und ganzheitliche Steuerung des Waren- und Informationsflusses zwischen Hersteller und Handel. Es gibt sozusagen einen direkten Draht zwischen der Registrierkasse im Supermarkt und dem Hersteller: Man spricht in diesem Zusammenhang auch vom Übergang vom Push- zum Pullprinzip: Jeder abverkaufte Artikel erzeugt bereits im Augenblick seiner Registrierung an der Kasse beim Hersteller einen »Sog«. ECR setzt damit

natürlich ein völlig neues Miteinander von Industrie und Handel voraus und hat viele Implikationen, beispielsweise auch logistischer Art – eine komplexe Thematik also, die sich für unsere Zwecke erst einmal anbot.

- Wir informierten uns und konnten daraufhin sicher sein, daß das Konzept bisher erst in Vorstandsebenen und an den Lehrstühlen der wirtschaftswissenschaftlichen Fakultäten bekannt war, und es so interessant war, daß es aller Voraussicht nach seinen Weg in den Handel finden würde.
- Damit erfüllte es weitere wesentliche Voraussetzungen und konnte zu einem AC-Element in unserem Sinne werden: (a) Es durfte aus Gründen der Fairneß keinem Teilnehmer bekannt sein. (b) Der Nutzen aus der Bearbeitung sollte über den Tag hinausweisen. (c) Es mußte sich um Inhalte handeln, die für jeden Teilnehmer in seinem Berufsalltag früher oder später zu Basics werden würden.

Wir haben Unterlagen zusammengestellt und eine materialgestützte Präsentationsübung entwickelt. Die Teilnehmer trugen vor, was sie sich im Vorbereitungsteil erarbeitet hatten, und die beobachtenden Vorstände stellten zu den Vorträgen Fragen, mit denen sowohl Verständnis als auch Standing erfaßt werden sollten.

Damit war es gelungen, sowohl auf der obersten Ebene als auch auf der Ebene der Teilnehmer innerhalb kürzester Zeit Kenntnisse zu ECR zu verbreiten, wie das sonst nicht möglich gewesen wäre. Es versteht sich, daß der Effekt sich auch bei jenen Mitarbeitern des Konzern zeigte, die an Folge-AC teilnehmen sollten – das Thema war natürlich aufgebraucht, es musste ein neues gesucht und gefunden werden. Ein weiteres Ziel neben dem diagnostischen war erreicht: Das Unternehmen war mit dem Thema ECR »infiziert«.

Das dritte Beispiel: Transport von Methoden

Wir sind eher per Zufall darauf gekommen, nutzen die Idee inzwischen allerdings systematisch. Es geht darum, Methoden – im konkreten Fall Führungstools – zu transportieren.

Der Anlass: Wir führten eine Reihe von zehn AC mit einem festen Stamm von Beobachtern durch, der Wechsel zuließ und dennoch Konstanz der Sichtweisen und Maßstäbe sichern sollte. Das konkrete AC war so aufgebaut, daß die Teilnehmer neben ihren eigentlichen AC-Aufgaben in Gruppen auch die Aufgabe hatten, ihre Mitteilnehmer zu beobachten, um mit einem von ihnen am Ende unter Beobachtung ein Feedback-Gespräch zu führen. Selbstverständlich wurden die Beobachter in ihre Aufgabe eingewiesen, es handelte sich um erfahrene Führungskräfte, und wir gingen davon aus, daß wir mit unseren Beobachtungsbögen zum Feedback-Gespräch offene Türen einrennen würden. Auf diesen Bögen waren Beispiele beobachtbaren Verhaltens aufgelistet. Es gab natürlich auch für die Teilnehmer (Führungsnachwuchskräfte) eine Einführungsveranstaltung, in der auf dieses Feedback-Gespräch hingewiesen und dessen Struktur erläutert wurde.

Unsere (unsystematischen) Beobachtungen in den Beobachterkonferenzen waren: Die Beobachter lernten in Live-Situationen, zwischen wesentlichen Merkmalen eines guten wie schlechten Feedback-Gesprächs zu differenzieren. Die Beobachtungen, die eingebracht wurden, bewegten sich zu Beginn eher und schwerpunktmäßig auf einer formalen oder Oberflächenebene (z. B. begrüßt, verabschiedet, hält sich an die Zeit, spricht mit Namen an, hält Blickkontakt, beginnt mit Positivem, fragt, ob er verstanden wird, ermuntert zu Rückfragen) und gingen schließlich über zu differenzierteren Wahrnehmungen. So wurde etwa zunehmend auch gesehen, was der zu beobachtende Rückmelder versäumt hatte rückzumelden. Die Beobachter wurden sensibler für sprachliche Feinheiten. So bemerkten sie beispielsweise die klassisch falsche Eröffnung eines Rückmeldegesprächs, mit der Sie es immer problemlos hinkriegen, gleich zu Beginn eine Atmosphäre zu schaffen, die nicht mehr zu reparieren ist: »Guten Tag, Herr Müller – Ich hoffe, es geht Ihnen gut!« Oder die Rückmelde-Todsünde, die darin besteht, der Beschreibung jener fünf Prozent verbesserungswürdigem Verhalten, das man gesehen hat, 95 Prozent der Rückmeldezeit zu widmen, und 95 Prozent der aufbauenden Botschaften in den verbleibenden fünf Prozent der Rückmeldezeit gerade eben noch anzudeuten.

Das Prinzip trägt, methodisches Wissen in einem AC ganz gezielt ebenfalls zu vermitteln oder zu vertiefen. Wir setzen dieses Prinzip mittlerweile systematisch ein, ermitteln im Vorfeld, was man im Rahmen des AC-Konzepts, das natürlich Vorrang hat, sonst noch transportieren sollte und könnte.

Als Abbildung 1 finden Sie das Beispiel eines Beobachtungsbogens mit Operationalisierungen des erwünschten (+) und unerwünschten (–) Verhaltens, das in einem Feedbackgespräch zu beobachten und dessen Fehlen zu konstatieren sind.

Der Beobachter ist in seiner Rolle unter Umständen in zweifacher Hinsicht Laie: Er hat zum einen nur wenig Erfahrung mit der Durchführung von Rückmeldegesprächen und er ist – trotz Beobachtereinweisung – immer noch laienhafter Beobachter. Unsere Erfahrung zeigt, daß gerade in solchen Situationen den auf dem Beobachtungsbogen vorgegebenen Operationalisierungen große Bedeutung zukommt. Trotz aller Warnungen erleben wir immer wieder, daß die Beispiele als eine Art Multiple-Choice-Vorgabe genutzt werden. Das mag und muß man für ungut halten – aber man muß sich auch darauf einstellen. Dies bedeutet, daß die Verhaltensbeispiele nach Möglichkeit eine repräsentative Stichprobe des erwünschten Verhaltens darstellen; die wichtigsten Aspekte des erwünschten und des zu vermeiden Verhaltens sollen aufgelistet sein. Eine besondere Rolle spielen dabei die negativen Verhaltensbeispiele, die sich in zwei Gruppen einteilen lassen:

a) gezeigtes unerwünschtes Verhalten (im Beispiel: »generalisiert unzulässigerweise (›Immer wenn Sie …, dann …‹)«;

Feedback-Gespräch

Teilnehmer (Name und Teilnehmer-Nr.):	Beobacher:
(gibt Feedback) ______________________	Name: ______________________
______________________	______________________
(erhält Feedback) ______________________	Kennbuchstabe: ______________________

Kriterium	Beispiele für beobachtbare Verhaltensweisen
– 1 2 3 4 5	+ beherrscht die Rituale und wendet sie an (steht auf, geht entgegen, begrüßt, schafft Atmosphäre, bietet Platz und Getränk an; nennt den zeitlichen Rahmen) + stellt klar, daß es um ein Gespräch und nicht um eine »Verkündung« geht (fordert auf, Fragen zu stellen) + spricht so, daß der Partner eine Chance hat, sich einzuklinken (langsam, läßt Pausen entstehen, schaut an und bemerkt Zeichen von Unruhe, Nichtübereinstimmung – spricht das an) + bezieht sich auf die Beobachtungssituationen bzw. den Beobachtungszeitraum + benennt einleitend die Beurteilungskriterien, umreißt deren »assoziatives Umfeld« + stützt sich auf konkretes, beobachtbares Verhalten + leitet aus seinen Beobachtungen Empfehlungen, Lernhinweise, Verbesserungsvorschläge ab + bietet Hilfestellung bei deren Umsetzung an – beginnt sofort – ohne Einleitung – mit der Rückmeldung – gliedert Ausführungen nicht / zu wenig; kein »Advanced Organizer« – fordert nicht zu Rückfragen auf – redet ununterbrochen (»Verkündigung« statt Gespräch); spricht zu schnell – generalisiert unzulässigerweise (»Immer wenn Sie ..., dann ...«) – typisiert (»Sie als Informatiker / Ingenieur ... müßten doch eigentlich ...«) – kann keine Beispiele bringen (bei Nachfrage) bzw. bringt keine Beispiele auf der Verhaltensebene – gewichtet unverhältnismäßig (die wenigen Kritikpunkte nehmen drei Viertel der Zeit in Anspruch) – kann seine Einschätzungen nicht belegen (bei Nachfrage) bzw. belegt sie nicht – relativiert kritische Aussagen – endet ohne Vereinbarung, ohne Lernhinweise

Für den Fall, daß Ihnen an dem Teilnehmer, der das Feedback erhält, etwas Besonderes auffällt, notieren Sie es bitte hier:

Abbildung 1

b) nicht gezeigtes erwünschtes Verhalten (im Beispiel: »endet ohne Vereinbarung, ohne Lernhinweise«). Gerade die Beobachtung von etwas, was nicht ist, stellt hohe Anforderungen an den Beobachter, kann er doch nur vor dem Hintergrund eines idealen erwünschten Ablaufs erkennen, was fehlt. Es gibt schließlich unendlich viele Verhaltensweisen, die in der Situation *nicht* auftreten, die aber zu Recht nicht auftreten, deren Auftreten kritisch anzumerken wäre. Niemand käme auf die Idee als erwähnenswert festzuhalten, wenn der Feedbackgeber seinen Partner nicht schlägt, nicht anspuckt, nicht duzt, ihm kein Getränk anbietet – wiewohl sich bei letzterem Beispiel die Geister sicherlich zu scheiden beginnen, wie teilweise stark emotional geführte Diskussionen dieses Themas im Kreis von Führungskräften beweisen. Das zeigt: Erwünschtes Verhalten ist nicht per se erwünscht – es ist in Kooperation mit dem Unternehmen, welches das AC durchführt, als erwünscht zu identifizieren. Und wenn es nicht zur Feedbackkultur gehört, daß der Vorgesetzte seinem Mitarbeiter eine Tasse Kaffee anbietet, dann darf das Nichtanbieten einer Tasse Kaffee auf keinem Beobachtungsbogen dieses Unternehmens als unerwünschtes Verhalten erscheinen.

Prinzipiell sind erwünschte wie unerwünschte Verhaltensweisen als Indikatoren für die interessierende Kernkompetenz natürlich in dieser Hinsicht spiegelbildlich zu betrachten. Als Positiv-Indikator gilt das Auftreten eines erwünschten Verhaltens ebenso wie das Unterlassen eines unerwünschten. Nur: Es ist weder billigerweise von jemandem zu verlangen, noch ist es sinnvoll, alles das zu notieren, was eine AC-Teilnehmer in einer Anforderungssituation vernünftigerweise nicht getan hat.

Was lernen wir daraus?

Ob Sie bei Planung, Entwicklung und Durchführung Ihrer Maßnahmen die genannten Aspekte nun berücksichtigen oder ob Sie das nicht tun: Ihr Auswahl-Assessment mit Trainees wird eine Marketingwirkung zeitigen. Die Beobachter werden bei der Wahrnehmung ihrer Rolle als Interviewpartner, als Beobachter, als Rollenspieler, als Feedbackgeber natürlich etwas (ein)üben und lernen. Die Teilnehmer an einem internen Potentialanalyseverfahren werden sich innerhalb der zwei oder drei Tage mit bestimmten Themen und Methoden auseinandersetzen. Die aggregierte Betrachtung der Ergebnisse eines internen Assessments ist natürlich Abbild der Rekrutierungs- und/oder Personalentwicklungspolitik der letzten Jahre: Ob das alles im Sinne des Unternehmen sein wird, ob der gewünschte Marketingeffekt erzielt wird, ob die Beobachter das Richtige lernen und einüben, ob die Teilnehmer mit den »richtigen« Methoden konfrontiert werden, ob die aggregierende Betrachtungsweise angestellt wird – das hängt vor allem davon ab, wie bewußt Sie sich diese Nebeneffekte des AC gemacht haben und wieviel und wie kreativ an der Umsetzung der Ideen gearbeitet worden ist.

Wenn zwölf intelligente Nachwuchsführungskräfte und sechs intelligente Beobachter sich unter Moderation zweier externer Berater für drei Tage zusammen setzen und es ist am Ende nicht mehr dabei heraus gekommen als die Potentialaussagen für die Teilnehmer – zweifelsohne eine bedeutendes Ergebnis –, dann wurde zumindest eine Chance vertan.

Wissenswertes für Veranstalter von Assessment-Centern für Trainee-Bewerber

- Was wollen Bewerber vorab wissen?
- Was sollten Sie als Veranstalter den Teilnehmern vorab mitteilen?
- Was erwarten die Teilnehmer neben dem Job-Angebot sonst noch von einem Assessment?

Im Juni 2000 und im Mai 2001 initiierte das »manager magazin« zwei je einstündige Chat-Foren zum Thema Assessment-Center. Die jeweilige Einbettung in die Thematiken »Hochschulen« und »Karrierebeginn« sprach vor allem die Zielgruppe »(potenzielle) Teilnehmer an einem Assessment Center (AC) zur Trainee-Auswahl« an. Als geladener Experte konnte ich nicht nur über das AC informieren und hoffentlich einige Fehlvorstellungen und Ängste abbauen. Es bot sich mir darüber hinaus die Chance zu erfahren, was Studenten der letzten Semester oder frisch Diplomierte, die unmittelbar vor einer Bewerbung oder Teilnahme an einem Assessment standen, dazu gern wissen würden. Daraus wiederum lassen sich Ratschläge ableiten, was ein Unternehmen, das ein AC für diese Zielgruppe veranstaltet, über seine Vorabinformationen, über seine Homepage, über seine Einladung zum Assessment, im Rahmen der Einführungsveranstaltung zum AC tunlichst mitteilen sollte, um das Informationsbedürfnis dieser mehr und mehr umkämpften Gruppe der Hochschulabsolventen zu befriedigen. Da Assessments gerade bei der Rekrutierung von Trainees auch Marketingfunktionen haben sollen, sind dies wichtige Hinweise für das veranstaltende Unternehmen.

In den beiden Stunden im Juni 2000 und im Mai 2001 kamen insgesamt 57 Personen zu Wort, einige mit mehreren Fragen. Da diese Personen der Natur der Veranstaltung entsprechend anonym bleiben konnten, besteht die begründete Aussicht, daß hier jene Fragen gestellt wurden, die den jungen Leuten tatsächlich unter den Nägeln brannten, und nicht

Fragen, die bereits zeigen sollen, wie kompetent man doch zu fragen in der Lage sei; eine Gefahr – wenn nicht gar Gewißheit –, die dann besteht, wenn der Frager Teilnehmer und der Befragte Beobachter oder Veranstalter eines Assessments ist.

Ich teile die Fragen in zwei große Gruppen auf; gruppengenerierendes Kriterium ist der Zeitpunkt, zu dem Antworten gegeben werden sollten; untergliedert habe ich nach inhaltlichen Überlegungen. Ich beschränke mich dabei auf die in den beiden Chat-Veranstaltungen gestellten Fragen:

1 Was Sie schon bei der Ausschreibung der Stelle und Einladung zum Assessment beantworten können und sollten:

1.1 (Vor-) Auswahlkriterien
- Welche Rolle spielen Noten (Universität, Abitur) bei der (Vor-) Auswahl?
- Haben (nur) »Uni-Streber« gute Chancen?
- Welche Chancen haben Quereinsteiger mit Schlüsselqualifikationen?
- Wenden sich die Unternehmen nicht ohnehin nur an die handverlesenen Privatuniversitäten?

1.2 Formale Rahmen
- Wer übernimmt die Kosten für Anreise und Hotel?
- Wie sieht die Kleiderordnung aus?
- Wie viele Personen werden teilnehmen?
- Wie lange dauert das Verfahren?

1.3 Vorbereitungsmöglichkeiten
- Inwieweit muß ich mit Fachfragen rechnen?
- Wie kann ich mich vorbereiten?
- Welche Literatur wird empfohlen?

2 Was Sie direkt vor dem Assessment, z. B. im Rahmen der Einführung der Teilnehmer in das Verfahren, mitteilen können und sollten:

2.1 Anforderungskriterien
- Was sind die Anforderungen?
- Was ist unter einer»Kernkompetenz« oder einer »Schlüsselqualifikation« zu verstehen?
- Was sind die Erwartungen an die Teilnehmer?

2.2 AC-Elemente, »Übungen«
- Welche Übungen werden durchgeführt?
- Was ist das eigentlich ein »Postkorb«?
- Wie sieht es mit »Streß-Übungen« aus?
- Werden die Übungen einzeln, zu zweit, in Gruppen durchgeführt?

2.3 Ängste, Befürchtungen und Unsicherheiten
- Gibt es peinliche Aufgaben, bei denen ich mich blamieren kann?
- Wird es persönliche Angriffe geben?
- Zahlt es sich aus, andere »auszutricksen«?
- Wie kann ich mich durch ein AC »schmuggeln«?
- Wie wichtig ist der »erste Eindruck«?
- Darf, soll ich auch offensiv agieren und Forderungen und Wünsche zur Sprache bringen?
- Wie authentisch soll ich sein?
- Welche Rolle spielt die »Tagesform«?
- Was ist dran an der Behauptung, daß man gezielt provoziert wird?

2.4 Konzeption des Verfahrens
- Wie gut oder professionell ist das Assessment gemacht?
- Wer sind die Beobachter?
- Gibt es Quoten?
- Wie aussagefähig ist eigentlich ein AC-Ergebnis?
- Ist ein AC besser als das persönliche Gespräch?
- Woran erkenne ich ein gutes und ein schlechtes AC?
- Wie (gut) sind die AC-Veranstalter ausgebildet?

2.5 Nach dem AC
- Hat es Sinn, sich nach einem eventuellen Scheitern ein zweites Mal zu bewerben?
- Gibt es ein Feedback-Gespräch?

Was, der Natur der Veranstaltungen gemäß, nicht zur Sprache kam, waren Fragen zum veranstaltenden Unternehmen, zum Inhalt des Trainee-Programms und zu beruflichen Aufstiegsmöglichkeiten. Antworten darauf dürfen in keinem »Rahmenprogramm« eines Trainee-AC fehlen. Es bietet sich auch an, Kontakte mit Peers und mit Trainees zu ermöglichen.

Günter Trost

Assessment-Center-Verfahren für Führungskräfte auf drei Kontinenten: Was ist gleich? Was ist anders?

> So gut wie jedes internationale Problem ist letzten Endes durch Menschen verursacht oder muß von Menschen gelöst werden. Der Schlüssel zum internationalen Wachstum und Erfolg eines Unternehmens ist deshalb, die richtigen Menschen an der richtigen Stelle zur richtigen Zeit einzusetzen.
>
> Heinz Dürr

Globale Rekrutierung von Führungskräften

Die Globalisierung der Wirtschaft hat nicht nur zu einem weltweiten Fluß von Waren und Dienstleistungen, zur Vernetzung von Standorten und zum sekundenschnellen Austausch von Informationen rund um den Erdball geführt. Sie hat auch eine »Mobilisierung« (im Wortsinn: ein Beweglich-Machen) von Fach- und Führungskräften über die Ländergrenzen hinweg in einem nie gekannten Ausmaß bewirkt. Wenn die Düsenaggregate eines Flugzeugs auf dem Kontinent A gefertigt, auf dem Kontinent B an die Tragflächen montiert werden, das Flugzeug an eine Fluggesellschaft mit Sitz auf dem Kontinent C verkauft und von dieser auf Kontinent D eingesetzt wird, dann braucht es Menschen, welche die Aktivitäten koordinieren, für die Einhaltung von Qualitätsstandards sorgen, Menschen, die sich zwischen den Kontinenten bewegen.

In den Anfangszeiten des Globalisierungsprozesses besetzten die international operierenden Unternehmen die Schlüsselpositionen beispielsweise bei Produktionsstätten im Ausland oder bei Joint-ventures durchweg mit Führungskräften aus dem Mutterland. Dieses Prinzip gilt heute nicht mehr. Seit ein, zwei Jahrzehnten sind gewaltige Anstrengungen zu beobachten, Spitzen-Führungskräfte *aus* den Regionen *für* die Regionen zu rekrutieren und zu qualifizieren. Diese Personen kommen mit den heimischen Gegebenheiten in aller Regel besser zurecht als die »Expatriates«; die Sprache der Mitarbeiter ist ihre Muttersprache, sie werden häufig besser akzeptiert als die aus der Konzernzentrale Entsandten; sie dienen als Mittler zwischen den regionalen Firmenkulturen und der Firmenkultur des Gesamtkonzerns, und sie bringen ethnische und kulturelle Vielfalt in die überregionalen Führungsgremien.

Zentrale Voraussetzung dafür, daß all dies bei einem Weltkonzern auch eintritt, ist die weltweite Regionalisierung der Rekrutierung herausragender Führungsnachwuchskräfte. Dabei ist ein Spagat besonderer Art zu leisten: Einerseits soll die Auswahl solcher Personen nach einheitlichen Kriterien erfolgen; dabei liegt es nahe, daß dies soweit irgend möglich mit Hilfe einheitlicher Auswahlinstrumente geschieht. Andererseits soll das Auswahlverfahren unterschiedlichen Kulturen, also unterschiedlichen Wertvorstellungen, Verhaltensnormen, Interaktionsformen und anderem mehr Rechnung tragen. Dabei tun sich Fragen auf wie diese: Werden Elemente eines Auswahlverfahrens, die auf dem einen Kontinent glänzend funktionieren, auf dem anderen überhaupt akzeptiert? Messen sie unter anderen kulturellen Bedingungen das Gleiche wie dort, wo sie entwickelt worden sind? Können die Auswählenden, die selbst zum größten Teil Angehörige der jeweiligen regionalen Kultur sind, mit den anderswo entwickelten Auswahlinstrumenten umgehen? Gelangen sie auf Grund gleicher Beobachtungen zu den gleichen Schlüssen bezüglich Eignung oder Nichteignung der Kandidaten wie ihre Kollegen an anderen Stellen der Welt?

Diesen Fragen sah sich die Führung des Daimler-Benz-Konzerns (heute: DaimlerChrysler) konfrontiert, als sie sich Mitte der neunziger Jahre anschickte, ein Programm zur Auswahl und Förderung von Führungsnachwuchskräften in verschiedene Teile der Welt zu tragen.

Entwicklung eines mehrstufigen internationalen Auswahlverfahrens für Führungsnachwuchskräfte

DaimlerChrysler bietet hochkarätigen Nachwuchskräften aus aller Welt unmittelbar nach Studienabschluß ein *eineinhalb- bis zweijähriges Programm* an, das nach den folgenden *Prinzipien* gestaltet ist:

- individueller Zuschnitt auf den einzelnen Teilnehmer,
- internationale Orientierung und konzernweite Ausrichtung,
- Vorbereitung der Teilnehmer auf die Übernahme anspruchsvoller Aufgaben im In- und Ausland.

Die *Elemente* des Programms sind:

- Drei bis vier Projekteinsätze mit einer Dauer von jeweils drei bis fünf Monaten in verschiedenen Geschäftsfeldern, sowohl in Werks- als auch in Zentraleinheiten; dabei Fokussierung auf ein funktionales »Ankerfeld«, das heißt ein Tätigkeitsfeld, in dem der Teilnehmer nach Beendigung des Programms dauerhaft tätig zu sein wünscht;
- ein bis zwei Projekte im Ausland von insgesamt maximal sechsmonatiger Dauer;
- zwei Wochen Einsatz in der Produktion;
- »Off-the-Job-Training« in drei Workshop-Blöcken von insgesamt dreiwöchiger Dauer, zusätzlich individuelle Trainingsmöglichkeiten in der jeweiligen Region;
- individuelles Coaching durch einen erfahrenen Mentor.

Das Konzept wurde Ende der achtziger Jahre von der Daimler-Benz-Konzernleitung entwickelt. Die Zahl der an diesem Programm teilnehmenden Nachwuchskräfte stieg seither kontinuierlich.

Bis zum Jahr 1992 beruhte die *Auswahl* der Mitglieder der Internationalen Nachwuchsgruppe des Daimler-Benz-Konzerns weitgehend auf der Analyse schriftlicher Bewerbungsunterlagen und den Ergebnissen wenig strukturierter Interviews. Im Jahr 1993 wurde sie unter der Mitwirkung der ITB Consulting GmbH *neu gestaltet.* Die Neugestaltung bezog sich zum einen auf die Verbesserung der bisher verwendeten Auswahlelemente, zum andern und vor allem auf die Einführung eines neuen Instruments: des »Internationalen Auswahlseminars«, eines Assessment-Center-Verfahrens.[1]

Ausgangsbasis war eine breit angelegte *Anforderungsanalyse* mit Führungskräften aus verschiedenen Geschäftsbereichen des Konzerns, aber auch mit Mitgliedern der damaligen Nachwuchsgruppe. Herausgearbeitet wurden die Anforderungen, die das Nachwuchsgruppenprogramm, aber auch die anschließende Tätigkeit im Unternehmen an die Hochschulabsolventen stellen.

Im nächsten Schritt wurden *Auswahlelemente* entwickelt, die möglichst viele Aspekte dieser typischen oder kritischen Anforderungen repräsentieren sollten; dies gilt insbesondere für das Internationale Auswahlseminar als der letzten Stufe des Auswahlprozesses. In einer Reihe von Abstimmungsrunden mit hochrangigen Führungskräften des Unternehmens wurde ermittelt, welche der in Frage kommenden Auswahlinstrumente mit der Unternehmenskultur vereinbar waren und breite Zustimmung im Konzern fanden.

Erst dann wurde das endgültige Auswahlverfahren zusammengestellt. Vor dem ersten »Ernsteinsatz« wurde ein Probe-Auswahlseminar mit bereits – nach dem alten Verfahren – ausgewählten Mitgliedern der Nachwuchsgruppe durchgeführt. Auf Grund der Ergebnisse der Erprobung wurden Inhalte und Ablauf revidiert.

Das im Jahr 1993 erstmals eingesetzte Auswahlprogramm hatte die folgende *Struktur:*

- Vorauswahl dezentral durch Führungskräfte der einzelnen Tochtergesellschaften vor Ort anhand schriftlicher Unterlagen und durch Interviews;

1 Für die vorzügliche Zusammenarbeit bei der Entwicklung und Durchführung des Auswahlprogramms sowie für die freundliche Unterstützung bei der Auswertung der Beobachtungen danke ich Frau Dr. Claudia Schlossberger, Herrn Bernhard Dold, Frau Claudia Krug, Frau Drissia Nabih, Herrn Andreas Bauer und Herrn Dirk Clemens.

- ausführliche, strukturierte Interviews mit den in der ersten Auswahlstufe erfolgreichen Kandidaten durch die Leitung der Internationalen Personalentwicklung;
- eineinhalbtägiges Internationales Auswahlseminar in Deutschland; Teilnehmer waren jeweils 12 in die Endrunde gelangte Kandidaten; die Auswahlkommission bestand jeweils aus sechs erfahrenen Führungskräften aus allen Geschäftsbereichen des Konzerns; die Moderation lag bei der Leiterin des Programms sowie zwei Vertretern der ITB Consulting GmbH.

Die folgenden *Leitgedanken* waren maßgeblich für die Ausgestaltung des Auswahlprogramms:
- Internationalität: Die Teilnehmer an jedem Auswahlseminar waren international zusammengesetzt.
- Mehrstufigkeit: Das Auswahlverfahren war dreistufig angelegt; die erste Auswahlentscheidung beruhte auf der Analyse der schriftlichen Bewerbungsunterlagen; die so vorausgewählten Personen wurden zu Interviews mit Linien-Führungskräften und Führungskräften der Personalseite eingeladen; die dritte Auswahlstufe bestand aus dem Auswahlseminar. Auf den verschiedenen Stufen standen teilweise unterschiedliche Kriterien im Vordergrund.
- Enge Anlehnung der Auswahlkriterien an die im Konzern weltweit verwendeten Kompetenz-Kriterien: Die Kriterien, anhand derer die Auswahl für das Nachwuchsgruppenprogramm vorgenommen wurde, waren hergeleitet aus den Kompetenzkriterien, die im Konzern weltweit bei der Potentialeinschätzung und bei der Leistungsbeurteilung verwendet wurden; sie mußten indessen an die spezifischen Bedingungen der Rekrutierung von Hochschulabsolventen angepaßt werden.
- Interdisziplinarität: Das Auswahlprogramm war nicht fachspezifisch angelegt; es zielte vielmehr auf fachübergreifende Kompetenzen.
- Enger Bezug der Elemente des Auswahlseminars zu den Anforderungen des Nachwuchsgruppen-Programms: Bei jedem der Elemente des Internationalen Auswahlseminars

mußte der Bezug zu den Anforderungen des Programms unmittelbar erkennbar sein; abgehobene »Psychospiele« oder Übungen, die beispielsweise so etwas wie »Belastbarkeit an sich« oder »Durchsetzungsvermögen an sich« zu erfassen vorgeben, kamen nicht in Frage.

- Aktive Rolle der Linien-Führungskräfte im Auswahlprozeß: Sowohl bei den Interviews im Rahmen der Vorauswahl als auch bei den Internationalen Auswahlseminaren – hier als Mitglieder der Auswahlkommission – sollten Linien-Führungskräfte aktiv eingebunden sein. Zum einen diente dies der Qualität der Auswahlergebnisse, weil so die Erfahrungen aus den verschiedensten Funktionsbereichen genutzt werden konnten; zum zweiten wurden dadurch sowohl die Akzeptanz des neuen Programms »in der Linie« als auch die Identifikation der Linien-Führungskräfte mit dem Auswahlergebnis und deren persönliche Verantwortung für die ausgewählten Personen gefördert, die sie teilweise ja später in den Projekten oder als Mentoren zu betreuen hatten.
- Aktive Einbindung der Geschäftsbereiche und der Auslandsgesellschaften in den Auswahlprozeß: Aus den genannten Gründen wurden, soweit irgend möglich, alle Geschäftsbereiche und die Auslandsgesellschaften in den Auswahlprozeß einbezogen, denn sie alle hatten in der Folgezeit mit den Mitgliedern der Nachwuchsgruppe zu tun.
- Auswahlseminar auch als Instrument der PR-Arbeit des Unternehmens: Durch eine interessante und abwechslungsreiche Ausgestaltung der Auswahlseminare sowie durch Transparenz und Fairneß des gesamten Auswahlprozesses sollte das Unternehmen für sich werben (siehe zu diesem Aspekt auch den Beitrag von Ernst Fay in diesem Band).
- Auswahlseminar als Chance zur Selbsterfahrung und Selbsterprobung: Dem zuletzt genannten Ziel diente auch das Angebot zur freiwilligen Nutzung von Möglichkeiten der Selbsterfahrung und der Selbsterprobung. Die Teilnehmer erhielten beim Auswahlseminar zum einen die Möglichkeit, sich während der unvermeidlichen Pausen einem

»Self-Assessment« zum Zwecke der Reflexion und Selbstorientierung zu unterziehen; die Auswertung erfolgte, nach Anleitung, durch sie selbst, die Ergebnisse verblieben bei ihnen. Zum anderen wurde ihnen unmittelbar nach dem Ende der Auswertungskonferenz neben der Eröffnung der Auswahlentscheidung eine differenzierte Rückmeldung über ihr Verhalten und ihre Leistungen während des gesamten Auswahlseminars angeboten, die eine Stärken- und Schwächen-Analyse sowie konkrete Lernhinweise und Entwicklungsempfehlungen einschloß.

Die *Auswahlkriterien*, anhand derer die Eignung der Bewerber für das Nachwuchsgruppenprogramm beurteilt wurde, waren »Intellektuelle Kompetenz«, »Teamfähigkeit«, »Initiative«, »Kommunikative Kompetenz«, »Verantwortungsbereitschaft«, »Belastbarkeit«, »Fachübergreifende Lernbereitschaft« und »Eigenständigkeit«. Für die Mitglieder der Auswahlkommission wurden diese Kriterien handhabbar gemacht durch Unterlagen, in denen die Kriterien definiert wurden, in denen ferner aufgezeigt wurde, welche Aspekte dieser Kriterien in den einzelnen Auswahlsituationen erfaßt werden konnten, und in denen für jeden dieser Aspekte und für jedes Element des Auswahlseminars Beispiele beobachtbaren Verhaltens aufgeführt wurden. Die einheitliche Anwendung der Auswahlkriterien wurde zudem in einem Training eingeübt.

Das Internationale Auswahlseminar bestand aus den folgenden *Elementen:*

- Drei strukturierte Interviews mit drei verschiedenen Mitgliedern der Auswahlkommission; die Themen- und Aufgabenblöcke der Interviews waren so aufeinander abgestimmt, daß Redundanzen vermieden wurden.
- Eine Präsentation und »Triadische Verhandlung« über ein hoch komplexes Szenario anhand authentischen Materials (Großprojekt): Jeder Kandidat hatte sich rasch mit der Materie vertraut zu machen, eine bestimmte Position einzunehmen und entsprechend dieser Position eine Konzeption zu erarbeiten und zu präsentieren; anschließend mußte er in einer Verhandlung mit zwei Vertretern unterschiedlicher

Interessengruppen oder Institutionen – verkörpert durch Mitglieder der Auswahlkommission – seine Konzeption verteidigen und diese Personen für die Unterstützung seines Konzepts gewinnen.

- Eine führerlose Gruppenarbeit: Jeweils vier Teilnehmer hatten gemeinsam anhand vorgegebenen, unstrukturierten schriftlichen Materials eine gemeinsame Präsentation (Information und Empfehlung an den Vorstand) zu erarbeiten; das Material war so gewählt, daß die Mitglieder der – stets international zusammengesetzten – Arbeitsgruppen jeweils ihren eigenen internationalen Hintergrund einbringen konnten und mußten.
- Eine praktische Aufgabe: Je sechs Kandidaten hatten zwei Geräte, die nach unterschiedlichen Prinzipien funktionieren, zu konzipieren und aus einfachem Material und mit Werkzeug zu bauen; anschließend mußten sie in einer Demonstration die Funktionstauglichkeit der beiden Geräte unter Beweis stellen (siehe auch den Beitrag von Kristine Heilmann in diesem Band).

Daneben wurde den Teilnehmern auf freiwilliger Basis, wie oben ausgeführt, die *Möglichkeit zur Selbsterfahrung und Selbstreflexion* geboten; die Ergebnisse flossen nicht in den Auswahlprozeß ein.

Bis Ende 1995 fanden acht dieser Auswahlseminare mit insgesamt 96 Kandidaten in der Bundesrepublik Deutschland statt. Etwa 55 Prozent der Teilnehmer rekrutierten sich aus Deutschland, rund ein Drittel der Kandidaten aus den übrigen Teilen Europas, ca. sechs Prozent aus Nord- und Südamerika, der Rest aus Asien und Afrika.

Das Auswahlverfahren fand bei Teilnehmern wie bei Mitgliedern der Auswahlkommission gleichermaßen hohe Akzeptanz. Für seine Treffergenauigkeit sprechen nicht nur die positiven Beurteilungen der Ausgewählten durch deren spätere Vorgesetzte, sondern auch der Umstand, daß die Fluktuation bei den Teilnehmern am Nachwuchsgruppenprogramm von ca. 20 Prozent vor Einführung des neuen Auswahlverfahrens auf ca. zwei Prozent sank.

Der Sprung ins Reich der Mitte

Angesichts des wachsenden Bedarfs an höchstqualifiziertem Führungsnachwuchs in den expandierenden Märkten außerhalb Europas beschloß der Konzern die Ausweitung und zugleich die Regionalisierung des Nachwuchsprogramms. In der Volksrepublik China sollte der Anfang gemacht werden.

Damit erhob sich die Frage, ob ein nach westlichen Standards konzipiertes Verfahren in einem so andersartigen Kulturkreis überhaupt funktionieren kann. Lassen sich die Eignungskriterien, die dem Auswahlsystem zugrunde liegen, auch bei der Zielgruppe chinesischer Nachwuchskräfte anlegen? Verhelfen die aufgelisteten Elemente des Auswahlseminars zu gültigen Beobachtungen über die Eignung der chinesischen Kandidaten? Kommen diese Kandidaten mit den ihnen unvertrauten Instruktionen und sonstigen Vorgaben zurecht? Haben die im Auswahlseminar provozierten Verhaltensweisen bei den chinesischen Teilnehmern überhaupt die gleiche Bedeutung wie bei den Teilnehmern aus der westlichen Hemisphäre, das heißt, erlauben sie die gleichen Rückschlüsse auf die Eignung wie bei jenen? Vertragen sich die hier gestellten Aufgaben mit dem Selbstverständnis der Kandidaten? Welche Rolle spielen Sprachprobleme (das Auswahlverfahren sollte in Englisch durchgeführt werden)? Läßt sich in einem asiatischen Kulturkreis ein offenes, verhaltensbezogenes Rückmeldegespräch durchführen und wird es akzeptiert?

Zwar waren die wenigen Chinesen, die sich in den Jahren 1993 bis 1995 dem Verfahren in Deutschland gestellt hatten, gut damit zurecht gekommen. Aber diese Personen hatten, durch Auslandsaufenthalte oder durch längere vorhergehende Tätigkeit im Unternehmen, bereits viel intimeren Kontakt mit westlichen Denk- und Arbeitsweisen als die nun ins Auge gefaßte Zielgruppe. Einige Beobachtungen bei diesen Teilnehmern waren jedoch bemerkenswert und lieferten bereits wichtige Hinweise für die eventuell nötigen Anpassungen des Auswahlprogramms an die Zielgruppe chinesischer Bewerber: Bei der Arbeit in Gruppen, die sich aus Europäern,

Amerikanern und einem Chinesen zusammensetzten, kam der Chinese in der Mehrzahl der Fälle nicht recht zum Zuge; er wurde durch Mitbewerber untergebuttert, die sich stärker in den Vordergrund drängten. In einigen Fällen führte dies bei chinesischen Bewerbern zu einer Art Überkompensation, die sich in ganz besonders dominierendem Verhalten äußerte, einem Verhalten, das der Eigenart der betreffenden Person eigentlich überhaupt nicht entsprach, wie sich im anschließenden Rückmeldegespräch herausstellte.

Um das Risiko des Mißerfolgs zu minimieren, trafen wir im *Vorfeld des Pilotverfahrens* im Reich der Mitte eine Reihe von Vorkehrungen: Die Kriterien, die Elemente des Auswahlverfahrens, die Instruktionen und Zeitvorgaben, die den Mitgliedern der Auswahlkommission an die Hand gegebenen Beispiele beobachtbaren Verhaltens als Indikatoren der einzelnen Eignungsaspekte sowie die Beurteilungsmaßstäbe wurden mit drei verschiedenen chinesischen Experten in ganztägigen Gesprächen durchgegangen und auf ihre China-Tauglichkeit überprüft: mit einem hochrangigen Vertreter des chinesischen Wissenschaftsministeriums, einem chinesischen Psychologie-Professor, der auch Unternehmen bei der Auswahl chinesischer Bewerber berät, und einem leitenden Mitarbeiter einer Personalberatungsfirma (Hongkong-Chinese), der reiche Erfahrung in der Rekrutierung von Führungskräften in der Volksrepublik China hat. Schließlich wurde eine Gruppe von sechs jungen Chinesen, die in Deutschland zu jener Zeit studierten, gebeten, die Aufgaben des Auswahlseminars zu bearbeiten und ebenfalls bezüglich der China-Verträglichkeit sowie des Schwierigkeitsgrades für ihre chinesischen Landsleute zu beurteilen.

Die Recherchen führten zu weitgehend übereinstimmenden Ergebnissen:

- Wir durften erwarten, daß die Kandidaten – durchweg Absolventen der besten chinesischen Hochschulen – von Auswahlverfahren dieser Art schon gehört hatten, auch wenn sie noch nie an einem solchen Programm teilgenommen hatten.

- Auch mit einem gewissen Vorverständnis seitens der Kandidaten gegenüber den hier angelegten Auswahlkriterien konnte gerechnet werden. Allerdings spielen diese Kriterien bei den Auswahlprozeduren chinesischer Unternehmen keine Rolle. (Ausschlaggebend ist dort die Antwort auf die Frage, ob ein Kandidat das Diplom einer Spitzen-Universität mitbringt und welche Abschlußnoten er vorzuweisen hat.) Auf jeden Fall – so wurde uns nahegelegt – mußten die Kriterien sowohl den Kandidaten als auch den Mitgliedern der Auswahlkommission sehr eingehend erläutert und begründet werden.
- Die Zeichenfunktion bestimmter Verhaltensweisen war zu relativieren. Diese Feststellung bezieht sich auch auf Beobachtungen von Mimik und Gestik, etwa in Gruppensituationen, die bei den bisherigen Auswahlseminaren als – positiv oder negativ – recht eindeutig zu interpretieren waren.
- Wegen der zu antizipierenden Sprachprobleme mußte mehr Zeit für die Erläuterung der jeweiligen Aufgabenstellungen sowie für die Durchführung der Interviews eingeplant werden. Durch Rückfragen an die Kandidaten mußte zudem sichergestellt werden, daß sie verstanden hatten, was bei den einzelnen Elementen von ihnen verlangt wurde.
- Mindestens ein in der Führungskräfte-Rekrutierung erfahrener Chinese mußte Mitglied der Auswahlkommission sein. Er konnte seine Kollegen in der Auswahlkommission in Zweifelsfällen bezüglich der Bedeutung bestimmter Beobachtungen beraten.
- Die Schulung der Mitglieder der Auswahlkommission mußte noch intensiver als üblich erfolgen und die Kommissionsmitglieder – auch wenn diese überwiegend China-erfahren waren – auf die Besonderheiten dieser Situation vorbereiten.
- Für die »Triadische Verhandlung« galt es, ein neues Szenario zu entwickeln und vor seiner Verwendung an chinesischen Versuchspersonen zu erproben. Es handelte sich um ein in China angesiedeltes und durch typisch chinesische Charakteristika gekennzeichnetes Großprojekt.

- Die Interviews im Vorfeld, also vor der Entscheidung über die Einladung zum Auswahlseminar, mußten besonders eingehend geführt werden, und zwar jeweils von einem Chinesen und einem Unternehmensvertreter mit westlichem Hintergrund.
- Die für Chinesen ungewohnte Rückmeldung am Ende des Auswahlseminars mußte bei der Einführungsrunde eingehend erläutert und dann mit großer Behutsamkeit gehandhabt werden – nicht zuletzt, um zu vermeiden, daß ein Kandidat sein Gesicht verliert.

Dies alles wurde bei der Planung und Ausgestaltung eines Auswahlseminars für chinesische Bewerber umgesetzt. Im Dezember 1995 fand das Pilotverfahren statt. Von mehr als 400 Bewerbern waren ca. 80 zu den Interviews im Vorfeld gebeten und 12 Personen zum Auswahlseminar eingeladen worden.

Die generellen *Erfahrungen bei diesem Pilotlauf* lassen sich wie folgt zusammenfassen:

- Die Auswahlkriterien wurden von den Teilnehmern verstanden. Die Rückfragen, die den Kandidaten gestellt wurden, nachdem sie die jeweiligen Instruktionen gelesen hatten und bevor sie mit der Bearbeitung der Aufgaben begannen, zeigten dies ebenso wie das dann tatsächlich zu beobachtende Verhalten.
- Die Auswahlkriterien und die Elemente des Auswahlseminars wurden von den Teilnehmern durchgängig akzeptiert. Dies wurde in den Ergebnissen einer anonymen Befragung der Kandidaten am Ende des Auswahlseminars sowie in deren spontanen Äußerungen während der anschließenden Rückmeldegespräche deutlich.
- Die Kandidaten verhielten sich instruktionsgetreu und kamen mit den ihnen gestellten Aufgaben zurecht.
- Sprachprobleme spielten, entgegen der Erwartung, fast keine Rolle. Die Erklärung liegt darin, daß nur Kandidaten zum Auswahlseminar eingeladen worden waren, die in den Vorauswahl-Interviews hinlängliche englische Sprachkenntnisse unter Beweis gestellt hatten.

- Fairneß und Kollegialität im Umgang miteinander war bei den chinesischen Teilnehmern insgesamt nicht schwächer und nicht stärker ausgeprägt als bei den Teilnehmern an den früheren Seminaren aus anderen Ländern. Im Vergleich mit westlichen Kandidaten zeigten die chinesischen Bewerber insgesamt jedoch etwas größere Zurückhaltung in Auftreten und Interaktion. In den Gruppensituationen behandelten sie sich gegenseitig betont respektvoll.
- Trotz der insgesamt größeren Zurückhaltung im Auftreten unterschieden sich die chinesischen Teilnehmer untereinander deutlich im Hinblick auf die Kernkompetenzen, anhand derer die Auswahlentscheidung zu treffen war. Die Elemente des Auswahlseminars erlaubten mithin auch bei dieser Kandidatengruppe hinreichend differenzierte Beobachtungen und Beurteilungen.
- Die Übereinstimmung der – stets unabhängig abgegebenen – Urteile der Mitglieder der Auswahlkommission über dieselben Kandidaten war ebenso eng wie bei den Auswahlseminaren in Deutschland. Groß war auch die Übereinstimmung der Urteile der chinesischen Führungskräfte mit jenen der deutschen Mitglieder der Auswahlkommission.
- Die Rückmeldung wurde von den Teilnehmern voll akzeptiert und – teilweise nach anfänglicher Verblüffung – mit Dankbarkeit aufgenommen.

Eine Reihe von *Beobachtungen* innerhalb der einzelnen Aufgabensituationen des Auswahlseminars, beim Pilotlauf wie bei den Durchgängen der Folgejahre, erscheint typisch und erwähnenswert:
- Notengläubigkeit und Elitebewußtsein: Absolventen der renommiertesten Universitäten mit Spitzenzeugnissen tragen ein ausgeprägtes Elitebewußtsein zur Schau. In den Einzelgesprächen wie im Feedback-Gespräch nach dem Auswahlseminar zeigen sie sich erfolgsverwöhnt und überrascht, daß sie hier bei einigen Aufgaben (erstmals) an ihre Grenzen geführt wurden und daß Mitbewerber mit weniger brillanten Abschlußnoten teilweise besser abschnitten.

- Die Schwierigkeit, Belastbarkeit aufgrund des Ausdrucksverhaltens zu beurteilen: Mimik, Gestik und Haltung geben bei chinesischen Kandidaten wenig Hinweise darauf, wie sie mit Belastungssituationen – Zeitdruck, kontroversen Diskussionen mit Beobachtern und ähnlichem – zurecht kommen. Auch chinesische Beobachter, nicht nur westliche, stoßen hier, bei der Interpretierbarkeit des Ausdrucksverhaltens, an Grenzen. Indessen geben andere Beobachtungsmerkmale – Zeitmanagement, Konzentration, Sprechweise – hinreichend Aufschlüsse zur Beurteilung des Kriteriums »Belastbarkeit«.
- Additives Referieren von Fakten: Bei der Präsentation eines komplexen Projekts zeigt sich die Tendenz, Fakten aus dem vorgefundenen Material additiv aneinanderzureihen, nicht aber Folgerungen aus eingangs postulierten Prämissen oder Prinzipien abzuleiten.
- Weniger effiziente Koordination bei der praktischen Gruppenarbeit: Bei der Aufgabe, im Team ein funktionierendes Gerät zu konstruieren, auf welche die chinesischen Teilnehmer von allen Elementen des Auswahlseminars vermutlich am wenigsten gefaßt waren, ließ sich in China im Mittel eine schwächere Leistung feststellen als bei den Auswahlseminaren in Deutschland, vor allem bedingt durch eine weniger erfolgreiche Koordinierung der Tätigkeiten der einzelnen Gruppenmitglieder.

Aufgrund der positiven Erfahrungen mit dem Pilotlauf in China konnten weitere Auswahlseminare mit nur geringfügigen Modifikationen veranstaltet werden. Bis zum Jahr 2000 fanden insgesamt sechs Auswahlseminare mit ca. 70 Bewerbern in China statt.

Ausdehnung des Programms auf weitere Regionen

Im März 1996 wurde mit einem Internationalen Auswahlseminar in Singapur der Grundstein für die Einrichtung eines *Nachwuchsgruppen-Programms Südostasien-Pazifik* gelegt.

Teilnehmer waren Kandidaten aus Singapur, Indonesien, Malaysia, Thailand und den Philippinen. Aus einer Gesamtzahl von über 800 Bewerbern wurden die 12 am höchsten qualifizierten Personen zum Seminar zugelassen; 10 von ihnen erhielten ein Angebot. Die Teilnehmer, durchweg Absolventen der besten Hochschulen ihres Landes oder angelsächsischer Universitäten, hatten fast keine Mühe mit der englischen Sprache, waren mit kompetitiven Situationen gut vertraut und konnten sich vorzüglich auf die im Auswahlseminar gestellten Aufgaben einstellen. Auch hier allerdings erwies sich die Einbeziehung eines südostasiatischen Experten, der Erfahrung mit der Auswahl von Führungskräften aus allen vertretenen Ländern hatte, in die Auswahlkommission als nützlich, vor allem wenn es galt, bestimmte individuelle Verhaltensweisen vor dem jeweiligen nationalen und kulturellen Hintergrund einzuordnen. Fünf Auswahlseminare fanden bis zum Jahr 2000 statt; 56 Kandidaten nahmen teil.

Die Regionalisierung wurde fortgeführt durch die Auswahl von Kandidaten für eine *nordamerikanische Nachwuchsgruppe* im Mai 1996 in Kalifornien. Erwartungsgemäß erwies sich das Verfahren in diesem Kulturkreis als uneingeschränkt brauchbar. Gleichwohl mußte auch hier nationalen Besonderheiten Rechnung getragen werden. So kann ein Biographischer Fragebogen, der in einheitlicher Weise eine Reihe von Informationen als Grundlage für die Einzelgespräche liefern soll, in den Vereinigten Staaten nicht eingesetzt werden; er enthält Fragen zu biographischen Details und zu einigen demographischen Merkmalen, die dort nicht zulässig sind. Informationen über Geschlecht, regionale oder ethnische Herkunft, Muttersprache und anderes mehr dürfen im Vorfeld nicht erhoben werden. Diese Umstände machen die persönliche Begegnung mit den Kandidaten und die Beobachtung des Verhaltens dieser Personen unter weitgehend standardisierten Bedingungen beim Auswahlseminar noch wichtiger.

Im Mittel unterscheiden sich nordamerikanische Bewerber, insbesondere Absolventen von Business Schools, von Bewerbern aus anderen Teilen der Welt vor allem darin, daß sie es besser als andere verstehen, Sachverhalte mitreißend und packend zu präsentieren. Dabei bleibt die Tiefe der inhaltlichen Durchdringung mitunter deutlich hinter der Eloquenz der Darbietung zurück.

Im Zeitraum von 1996 bis 2000 wurden fünf Auswahlseminare durchgeführt, die beiden letzten nach der Fusion mit Chrysler. 58 Personen aus Nord-, Mittel- und Südamerika nahmen teil. Hinzu kam ein weiteres Auswahlseminar gleicher Struktur im Jahr 1998 für ein amerikanisches Tochterunternehmen des Konzerns.

Der nächste Schritt zur weiteren Regionalisierung des Programms folgte im Sommer 1996 mit der Einrichtung einer *Nachwuchsgruppe in Rußland*. Das Auswahlseminar konnte in Deutsch abgehalten werden, da die Deutschkenntnisse der Kandidaten besser als deren Englischkenntnisse waren. Gleichwohl hatte die Mehrzahl der Teilnehmer erhebliche Mühe mit der deutschen Sprache. Sie hatten bisher keine Möglichkeit gehabt, zur Vertiefung der Sprachkenntnisse ihr Land zu verlassen. Es erwies sich als sinnvoll, für den Fall auftretender Verständnisprobleme stets ein russisch sprechendes Mitglied der Auswahlkommission verfügbar zu haben. Auch in diesem Kulturkreis führte das Auswahlseminar zu präzisen Aussagen über die Stärken und Schwächen sowie über die Gesamteignung der einzelnen Teilnehmer für eine Führungslaufbahn im Konzern: Die Mitglieder der Auswahlkommission konnten in allen Elementen des Auswahlseminars Beobachtungen sammeln, die ihnen ein sicheres Urteil über die Ausprägung der betreffenden Kernkompetenzen erlaubten; die Auswahlsituationen differenzierten hinlänglich zwischen den besser und den weniger qualifizierten Kandidaten, und die Übereinstimmung der Urteile verschiedener Mitglieder der Auswahlkommission über dieselben Bewerber in den einzelnen Beobachtungssituationen war hoch.

Im Herbst 1998 fand ein weiteres Auswahlseminar für russische Kandidaten, diesmal in Englisch, statt. Auch hier traten vereinzelt Sprachprobleme auf, wenn auch in geringerem Ausmaß als im Jahr 1996.

Bereits bei den Vorauswahl-Interviews, aber auch beim Auswahlseminar erwies sich, daß bei russischen Bewerbern den Noten aus Schul- und Hochschulzeugnissen wenig Aussagekraft zukommt. Während in den westlichen Ländern die Notendurchschnitte in Schule und Hochschule relativ sichere Rückschlüsse auf das allgemeine intellektuelle Leistungsvermögen der Absolventen zulassen, war dies bei den russischen Bewerbern in deutlich geringerem Maße der Fall. Die intellektuelle Kompetenz, wie sie sich bei den Vorauswahl-Interviews und in den einzelnen Elementen des Auswahlseminars zeigte, wies nur einen sehr schwachen Zusammenhang mit den Durchschnittsnoten in den Zeugnissen auf.

Im Vergleich mit asiatischen Bewerbern zeigten die russischen Kandidaten im Mittel ein höheres Maß an Initiative, kritischem Denken und Hinterfragen des Vorgegebenen, insgesamt also eine stärker ausgeprägte Eigenständigkeit.

Versucht man, die Gemeinsamkeiten der Kandidatengruppen aus China, aus dem Südostasien-Pazifik-Raum und aus Rußland auf einige knappe Formeln zu bringen, so gelangt man zu den folgenden Feststellungen:

- Neigung, sich sofort, ohne vorausgehende Planungsphase, in eine neue Aufgabe zu stürzen: Sie zeigt sich insbesondere bei der praktischen Gruppenarbeit, wenn die Teilnehmer häufiger als in Westeuropa oder in den USA einfach »drauflos basteln«, ohne sich zuvor auf Lösungsprinzipien und auf ein Arbeitskonzept zu verständigen.
- Tendenz zu blockieren, wenn ein Interview »Verhörcharakter« annimmt: Sobald die Bewerber den Eindruck gewinnen, »Gesinnung« solle ausgeleuchtet werden – auch wenn dies keineswegs die Absicht des Interviewers ist – , verstummen sie oder weichen auf ein unverfängliches Thema aus.
- Bereitschaft und Entschlossenheit, sich an westlichen Standards zu messen und messen zu lassen: Als Bewerber um eine Laufbahn in einem westlich geprägten Weltkonzern akzeptieren die Personen laut eigenem Bekunden, aber auch gemäß dem beim Auswahlseminar gezeigten Verhalten die Anforderungen, welche das Unternehmen an seine Führungskräfte stellt und welche unzweifelhaft auf westlichen Werten und Verhaltensnormen gründen.

Der vorerst letzte Schritt zur Regionalisierung des Programms bestand in der Einrichtung von *Nachwuchsgruppen für Mittel- und Osteuropa*. In den Jahren 1997 und 1998 wurden zwei Internationale Auswahlseminare in Warschau für Bewerber vorwiegend aus Polen, aber auch aus Tschechien und dem früheren Jugoslawien durchgeführt. Die Ähnlichkeit zwischen den Verhaltensweisen, die sich bei diesen Teilnehmern beobachten ließen, und jenen Verhaltensweisen, die bei Kandidaten aus dem westlichen Europa typischerweise auftreten, war größer als die Ähnlichkeit zwischen den Verhaltensweisen russischer, südostasiatischer und chinesischer Bewerber und denen der Westeuropäer.

Gegen Ende der neunziger Jahre wurde eine stärkere Differenzierung vorgenommen zwischen der »Internationalen Nachwuchsgruppe«, welche über die in Deutschland stattfindenden Auswahlseminare rekrutiert und von Deutschland aus betreut wird, und den »Regionalen Nachwuchsgruppen«. Bei der erstgenannten Gruppe wurde sowohl das Auswahlprogramm als auch das Förderkonzept modifiziert. Dagegen blieben Förderkonzepte und Auswahlverfahren für die regionalen Nachwuchsgruppen nahezu unverändert. Bei den Auswahlseminaren wurden die drei Interviews auf zwei reduziert. Und es wurde ein neues Element eingeführt: »Creative Achievement«, eine Aufgabe, die eine in sich geschlossene, möglichst kreative sprachliche »Produktion« in Einzelarbeit fordert. Im Jahr 2002 werden beide Auswahlprogramme einer erneuten Revision unterzogen.

Synopse der Erfahrungen in den Regionen

Die Erfahrungen aus mittlerweile
- 64 Auswahlseminaren mit vorwiegend Westeuropäern,
- 6 Auswahlseminaren mit Chinesen,
- 5 Auswahlseminaren mit Südostasiaten,
- 6 Auswahlseminaren mit Amerikanern,
- 2 Auswahlseminaren mit Russen und
- 2 Auswahlseminaren mit Mittel-/Osteuropäern,

an denen insgesamt annähernd 1000 Bewerber beteiligt waren, zeigen: Der Spagat ist gelungen.

Es ist möglich, nach einheitlichen Kriterien – eben solchen, die ein Konzern an *alle* seine Führungskräfte anlegen muß, gleichgültig woher sie kommen und wo sie arbeiten – eine Auswahl von hochqualifizierten Nachwuchskräften in den verschiedensten Teilen der Welt zu treffen.

Die Auswahlinstrumente funktionieren, das heißt, sie geben Aufschluß über erfolgsrelevante Merkmale der Eignung für eine Führungslaufbahn im Unternehmen, und sie differenzieren auf allen drei Kontinenten, auf denen sie im vorliegenden Falle verwendet worden sind, hinreichend zwischen den Kandidaten.

Die Erfolgsraten der in den Regionen für das Nachwuchsgruppenprogramm ausgewählten Bewerber sind zwar nicht ganz so hoch wie die eingangs geschilderte Quote beim »europäischen« Verfahren; sie bewegen sich im Mittel um 80 Prozent. Jedoch belegen auch sie eine außerordentlich erfreuliche Treffsicherheit der Auswahl.

Systematische, »typische« Unterschiede zwischen den Gruppen von Kandidaten verschiedener Regionen gibt es. Ein unbesehenes Übertragen von Auswahlverfahren, die sich an einer Stelle bewährt haben, in andere Länder und Kulturkreise ist deshalb nicht vertretbar. Jedoch kann den auftretenden typischen Unterschieden, das ist die Erfahrung aus diesem weltumspannenden Programm, in geeigneter Weise Rechnung getragen werden, ohne daß die Auswahlprogramme grundlegend verändert werden müßten: durch relativ geringfügige Adaptation der Verfahren an örtliche Gegebenheiten, durch Nutzung der Kenntnisse, welche Experten in den Regionen von lokalen Mentalitäten und Verhaltens-Eigenarten besitzen, durch Berücksichtigung regionaler Besonderheiten bei der Interpretation der Ergebnisse. Die Erfahrung mit diesem Programm zeigt ferner, daß durch diese Anpassungen die überregionale Vergleichbarkeit der Ergebnisse nicht leidet: Die so Ausgewählten haben sich auch in der Kooperation und in der Konkurrenz mit ihren Kollegen aus anderen Teilen der Welt glänzend bewährt.

Nationale und kulturelle Eigenarten werden bei diesem Vorgehen nicht verwischt. Aber sie spielen bei der Zielgruppe, um die es hier geht, und bei den Aufgaben, die diese Zielgruppe – im Auswahlprozeß wie in den späteren Funktionen im Unternehmen – zu bewältigen hat, eine untergeordnete Rolle. Denn die zentrale Lehre, die sich aus der Beobachtung von Kandidaten für dieses Nachwuchsprogramm aus den verschiedensten Regionen ziehen läßt, ist:

Personen, die sich für ein derart anspruchsvolles Programm bewerben und die extrem strenge Auswahl bis zur letzten Stufe erfolgreich durchlaufen, sind bezüglich der Kernkompetenzen, auf die es hier ankommt, erstaunlich ähnlich, ob sie nun in China, in Rußland oder in den USA aufgewachsen sind. Für diesen Befund lassen sich die folgenden Gründe ausmachen: Diese Nachwuchskräfte kommen von den besten Hochschulen der jeweiligen Länder; sie haben dort überwiegend Ausbildungsgänge durchlaufen, die auf Führungspositionen in der Wirtschaft vorbereiten und frei von Ideologie gestaltet sind; sie haben sich auf ihrem Bildungsweg bereits durch herausragende Leistungen ausgezeichnet und stellen infolge vielfältiger Selbst- und Fremdselektionsmechanismen sowie spezifischer Lernerfahrungen eine relativ homogene Leistungselite dar. Die Gruppen von Teilnehmern an Internationalen Auswahlseminaren in Beijing, Singapur, Moskau, Warschau und Boston unterscheiden sich demzufolge voneinander weniger als sich beispielsweise die deutschen Teilnehmer an einem Auswahlseminar in Stuttgart von der Gesamtpopulation der deutschen Hochschulabsolventen unterscheiden.

Ulla Maichle

Denken sichtbar machen: Tests als Arbeitsprobe

Ein Instrument zur bimodalen Erfassung der intellektuellen Kompetenz

In diesem Beitrag wird ein neues Instrument vorgestellt, das von der ITB Consulting entwickelt und seit einiger Zeit mit Erfolg im Rahmen von Assessment-Centern (AC) eingesetzt wird. Das Instrument heißt »Interpretation wirtschaftlicher Zusammenhänge« (IWZ) und erfaßt intellektuelle Kompetenz in bimodaler Form. Das heißt: Es kann zum einen als Test, zum andern als Arbeitsprobe verwendet werden. Im Test wird der Bearbeiter mit einer Abfolge von Charts konfrontiert, auf denen komplexe wirtschaftliche Zusammenhänge in graphischer Form dargestellt sind (Abb. 1 zeigt eine Beispielaufgabe). Seine Aufgabe besteht jeweils darin, die nachfolgenden Behauptungen auf ihre Ableitbarkeit aus den präsentierten Zusammenhängen zu überprüfen. Das Ergebnis der Testbearbeitung kann in bewährter Weise als Fähigkeitsgrad interpretiert werden.

In der kognitiven Arbeitsprobe besteht die Aufgabe darin, die an die Wand projizierten Charts im Beisein der Beobachter »laut denkend« zu analysieren und zu interpretieren sowie weiterführende Fragen zu beantworten. Auf diese Weise werden Denkprozesse beobachtbar und beurteilbar: Wie werden beispielsweise die Informationen erfaßt? Wie wird abstrahiert und konkretisiert? Wie werden Folgerungen hergeleitet und Hypothesen überprüft? Die Erkenntnisse, die in der situativen Übung gewonnen werden, gehen weit über den Informationswert des bloßen Testergebnisses hinaus. Beide methodi-

Die Abbildung zeigt in Fünf- bzw. Zehnjahresschritten für die Bundesrepublik Deutschland den sogenannten Jugendquotienten (JQ) und den Altenquotienten (AQ). Der JQ ist definiert als das Verhältnis der Zahl aller unter 20 Jahre alten (Jugendlichen) zur Zahl aller 20- bis 59jährigen; der AQ ist der Quotient aus der Zahl aller über 59 Jahre alten (Senioren) zur Zahl aller 20- bis 59jährigen. (Ab dem Jahr 2000 handelt es sich um Schätzungen.)

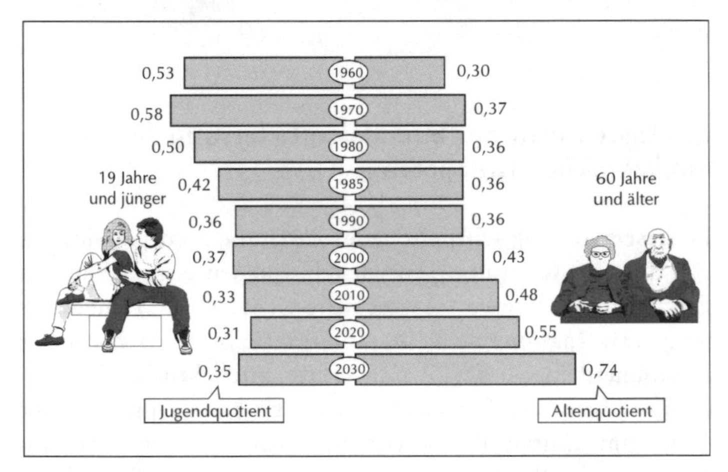

Welche der folgenden Behauptungen ist bzw. sind diesen Informationen zufolge korrekt?

A 2030 werden 74 Prozent der Bevölkerung älter als 59 Jahre sein.

B Theoretisch können sowohl JQ als auch AQ größer als 1 werden.

C Wenn JQ = AQ = 0,5, dann gibt es in jeder der drei Altersgruppen (jünger als 20 / 20 bis 59 / älter als 59) gleich viele Personen.

Abbildung 1: Interpretation wirtschaftlicher Zusammenhänge: erste Beispielaufgabe

schen Zugänge, die bisweilen als miteinander unvereinbar bezeichnet werden, ergänzen einander hier in idealer Weise.

Drei methodische Zugänge beim Assessment-Center

Beim Assessment-Center handelt es sich von der ursprünglichen Idee her um eine »multiple Verfahrenstechnik«, bei der verschiedenartige Methoden eingesetzt werden, die auch unterschiedliche Ansätze der Eignungsdiagnostik verkörpern. Am verbreitetsten ist derzeit der *Simulationsansatz*, der sozusagen den historischen Kern des Assessments ausmacht. Im Zentrum des Interesses steht hier die Frage, inwieweit eine vorgegebene Situation/eine bestimmte Aufgabe adäquat bewältigt wird. Große Bedeutung hat auch der *biographische Ansatz*, bei dem der Lebensweg des Befragten, sein Verhalten in der Vergangenheit sowie seine Einstellungen und Motive im Vordergrund stehen. Der *Eigenschaftsansatz*, welcher direkt auf die Erfassung von Fähigkeiten, Kompetenzen und Eigenschaften zielt, tritt demgegenüber zurück.

Simulations-, Eigenschafts- und biographischer Ansatz haben je eigene Erfassungsmethoden und eine je eigene Validitätslogik, vor deren Hintergrund die Bewährung und der Gebrauchswert von Assessment-Centern beurteilt wird (vgl. Schuler u. Höft 2001).

Erfassungsmethode des Simulationsansatzes ist die »Arbeitsprobe«, oft auch als situative Übung bezeichnet. Dabei handelt es sich um eine standardisierte Aufgabensituation, die typische Anforderungen der Zielposition oder der Zielebene widerspiegelt. Erfaßt und beurteilt werden ausschließlich Verhaltensweisen, die dann zu Clustern gebündelt werden. Die Bezeichnungen dieser Cluster (z. B. Kommunikationsfähigkeit, Durchsetzungskraft, Konfliktfähigkeit) legen nahe, daß es sich dabei um so etwas wie Fähigkeiten oder Eigenschaften handelt; inwieweit dies tatsächlich zutrifft, ist derzeit Inhalt kontroverser Diskussionen.

Die aktuell am häufigsten verwendeten Arbeitsproben sind die Gruppendiskussion (geführt oder ungeführt), die Präsentation, das Rollenspiel und der Postkorb. Die Validität von Arbeitsproben bemißt sich hauptsächlich daran, inwieweit die Anforderungen der Arbeitsprobe jenen der Managementpraxis gleichen.

Die Erfassungsmethode des biographischen Ansatzes ist die »biographische Frage«. Gefragt wird sozusagen »ins Leben zurück« nach der Bewältigung erlebter Situationen, nach Erfahrungen, nach Einstellungen und Motiven. Die Informationen, die auf diese Weise zu Tage gefördert werden, sind in Arbeitsproben kaum zu erhalten. Biographische Fragen können entweder schriftlich (mittels Fragebogen) oder mündlich (im Rahmen eines Interviews) gestellt werden. Der biographische Ansatz folgt dem Grundsatz: Vergangenes Verhalten liefert die besten Vorhersagen für künftiges Verhalten; seine Validitätslogik ist mithin die der prognostischen Validität.

Mit Hilfe der eigenschaftsorientierten Verfahren schließlich sollen relativ stabile Merkmale (z. B. Leistungsmotivation, Gewissenhaftigkeit, Streßresistenz, intellektuelle Kompetenz) erfaßt werden, also Fähigkeiten oder Persönlichkeitseigenschaften, die – anders als das beobachtete Verhalten in einer bestimmten Situation – über verschiedene Situationen (und über die Zeit) hinweg stabil sind und allgemeinere Vorhersagen erlauben, als dies bei situationsgebundenen Verhaltensweisen der Fall ist. Erfaßt werden diese Fähigkeiten und Eigenschaften mit Hilfe psychologischer Tests (z. B. Persönlichkeitstests, Intelligenztests, allgemeine Leistungstests). Unter Validitätsgesichtspunkten ist bei dieser Verfahrensklasse besonders wichtig, inwieweit die Erfassung der intendierten Eigenschaft tatsächlich gelungen ist; die Höhe der Konstruktvalidität gibt darüber Aufschluß.

Methodenreinheit oder Methodenmix?

Die Frage, ob in einem Assessment-Center gleichartige oder möglichst verschiedenartige Methoden eingesetzt werden sollten, wird unterschiedlich beantwortet. So fordert etwa der 1977 entstandene »Arbeitskreis Assessment-Center«, ein Zusammenschluß aus Vertretern verschiedener deutscher Wirtschaftsunternehmen, strikte Methodenreinheit. Seine Mitglieder beschränken sich auf die Beobachtung und Beurteilung von Verhalten im Rahmen situativer Übungen (vgl. Arbeitskreis Assessment-Center 1996). Die Verwendung von Interviews, Tests, Fragebogen und ähnlichem gilt als Verstoß. Da protokollierte Verhaltensweisen die einzig zulässige diagnostische Information sind, gelten folgerichtig Dimensionsbegriffe wie »Kooperationsbereitschaft« oder »Strategische Kompetenz« nur als »Ordnungsmittel gedanklicher Art« (vgl. S. 487).

Der Forderung nach »Methodenreinheit« steht jene nach »Multimodalität« gegenüber. Der Versuch, möglichst unterschiedliche Methoden bei einem Assessment einzusetzen, hat Tradition: So wurde etwa im Rahmen der klassischen Management Progress Study der Firma AT&T (1956-1966), die an über 400 eigenen Führungs-Nachwuchskräften »nach den Regeln der Kunst« durchgeführt wurde, und die seither als die Validitätsstudie schlechthin gilt, ganz bewußt eine breite Palette von Verfahren eingesetzt, die neben situativen Übungen mehrere Fragebogen, kognitive Leistungstests, Interviews, Selbsteinschätzungen und ähnliches umfaßte. Heute wird zwar das Interview noch in annähernd 60 Prozent der Assessment-Center eingesetzt, andere nicht-situative Verfahren jedoch (z. B. biographische Fragebogen, Tests zur Erfassung intellektueller Fähigkeiten) werden derzeit eher selten verwendet (vgl. Gebert et al. 2001; Thornton u. Byham 1982).

Speziell von psychologischer Seite wird in jüngerer Zeit eine Wieder-Anreicherung der rein verhaltensorientierten Assessment-Center empfohlen (Hossiep 1996; Höft et al. 1997; Schuler 1996, 2000). Hauptargumente für diese Forderung nach Multimodalität sind (1) die bessere Absicherung der zu erfassenden Fähigkeiten und Dispositionen und (2) die Erhöhung der Vorhersagekraft des Gesamtverfahrens.

Ad (1): Es gehört zu den Grundprinzipien eines Assessment-Centers, daß jede Anforderungsdimension jeweils durch mehrere Aufgaben erfaßt wird. Die Beurteilung einer Dimension in mehreren Beobachtungssituationen macht die Diagnose verläßlicher. Speziell bei Assessments zur Potentialanalyse, welche auf die Gesamtheit der Leistungsmöglichkeiten einer Person zielen, sollten dabei möglichst vielfältige Methoden zur Anwendung kommen; die Wahrscheinlichkeit, die zu erfassenden Dimensionen vollständig in den Griff zu bekommen, wird dadurch erhöht.

Ad (2): Häufig steht man als AC-Entwickler vor der Aufgabe, Kandidaten daraufhin zu begutachten, ob sie in näherer oder fernerer Zukunft Anforderungen gewachsen sind, die gegenwärtig noch gar nicht in allen Einzelheiten bekannt sind. Bei einer solchen Ausgangslage stößt der simulationsorientierte Ansatz an seine Grenzen. Bereits Sackett und Dreher (1982) plädierten dafür, in solchen Fällen auch nicht-situative Verfahren zur Absicherung der Diagnose einzusetzen. Daß die Vorhersagekraft von Assessment-Centern mit der Vielfalt und Heterogenität der Übungen wächst, darf als gesichert gelten (Thornton et al. 1987; Bray u. Grant 1966).

Bleibt die Frage, inwieweit mit dem Simulations-, dem Eigenschafts- und dem biographischen Ansatz auch tatsächlich unterschiedliche Aspekte erfaßt werden. Eine endgültige Antwort steht noch aus: Die bislang umfassendste Metaanalyse zum Zusammenhang zwischen Beobachter-Ratings im Assessment und den Ergebnissen psychologischer Tests geht auf Scholz und Schuler (1993) zurück. Sie stellten fest, daß Merkmale wie Intelligenz, emotionale Stabilität, Leistungsmotivation, soziale Kompetenz, Selbstvertrauen und Dominanz in nennenswertem Maße mit dem Gesamtergebnis in einem simulationsorientierten Assessment korrelieren. Verblüffenderweise war es die mit einem klassischen Test erfaßte allgemeine Intelligenz, die (neben Dominanz, Selbstvertrauen und Leistungsmotivation) den höchsten Zusammenhang mit dem Assessment-Center-Gesamtergebnis aufwies. Wie eine ergänzende Studie der beiden Autoren zeigt, springen Aspekte der allgemeinen Intelligenz den Beobachtern selbst dann ins Auge, wenn sie gar nicht dazu aufgefordert wurden, sich in den einzelnen Übungen auf intelligentes Verhalten zu konzentrieren.

Diese Resultate stützen die bereits mehrfach geäußerte Vermutung, daß bei jedem Assessment-Center – unabhängig davon, welche Dimensionen den Beobachtern vorgegeben werden – letztendlich grundlegende Merkmale, wie etwa Intelligenz und Dominanz erfaßt werden. Sicher nicht zufällig handelt es sich dabei um jene Eigenschaften, die erwiesenermaßen den beruflichen Aufstieg determinieren (Lord et al. 1986).

Wie wird intellektuelle Kompetenz im Assessment-Center erfaßt?

Die intellektuellen Anforderungen an den (künftigen) Manager, wie sie sich aus Anforderungsanalysen herleiten, sind ausgesprochen heterogen: Auffassungsgabe, Informationsverarbeitung, Strukturierungsfähigkeit, Schwerpunktsetzung, Abstraktionsvermögen (oft auch als »Helikopterblick« bezeichnet), systematisches Denken und Handeln, das Erkennen von Zusammenhängen, analytisches und logisches Denkvermögen, vernetztes Denken, Problemanalyse, schlüssiges und sachliches Argumentieren, strategisches Denken, geistige Flexibilität, Zeitmanagement – dies sind nur einige der Begriffe, die im Rahmen von Anforderungsanalysen bei unterschiedlichen Unternehmen zum Thema »Intellektuelle Kompetenz« von Führungskräften und Personalentwicklungs-Verantwortlichen genannt wurden. Die Begriffe, die zur Beschreibung von Intelligenzaspekten verwendet werden, sind also recht vielfältig. Für den Praktiker beginnt die Herausforderung mit der Definition und Operationaliserung dieser Begriffe und mit der sich anschließenden Frage, wie diese Anforderungen am besten zu erfassen sind.

Situative Übungen, kognitive Arbeitsproben

In klassischen Arbeitsproben wird intelligentes Denken und Handeln normalerweise als eine von mehreren Dimensionen erfaßt. Bei einer Präsentation etwa sollen die Beobachter unter anderem überprüfen, inwieweit eine Gliederung und ein roter Faden erkennbar ist, ob der Vortragende komplexe Inhalte (zulässig) vereinfacht, die Dinge auf den Punkt bringt und so weiter. Bei der Postkorb-Bearbeitung stehen neben der Qualität der Informationsverarbeitung das Erkennen von Zusammenhängen, das Planungs- und Organisationsverhalten sowie die Schwerpunktsetzung im Zentrum des Interesses am intelligenten Verhalten des Teilnehmers. Bei Gruppendiskussionen wird der Beobachter auch auf die Durchdringung des Themas, die Qualität der Beiträge, die Stringenz der Argumentation und die Flexibilität der Reaktionen achten. Bei Datenanalysen und Fallstudien schließlich stehen das Problemerkennen, die Ursachenanalyse, das Entwickeln von Lösungen, bisweilen auch der Einsatz von spezifischem Wissen im Vordergrund.

Nun gilt es seit der klassischen Studie von Sackett und Dreher (1982), deren Ergebnisse in der Zwischenzeit vielfach reproduziert wurden, als gesichert, daß im Assessment-Center nicht Dimensionen unabhängig von den Übungen beurteilt werden, sondern daß jeweils ein Pauschalurteil pro Übung abgegeben wird. Die Beobachter beurteilen also nicht »die intellektuelle Kompetenz« der Teilnehmer, sondern sie schätzen deren intelligentes Verhalten in der Gruppendiskussion, bei der Präsentation oder bei der Fallbearbeitung ein. Die Verwendung einer Dimensionsbezeichnung »Intellektuelle Kompetenz« hat vor diesem Hintergrund also eher die Funktion, die Wahrnehmung zu leiten, die Beobachtungen zu bündeln und die Ergebnisse kommunizierbar zu machen.

Computersimulierte Szenarien

Einen weiteren Zugang zur intellektuellen Kompetenz im Rahmen eines Assessment-Centers stellen computersimulierte Szenarien dar. Diese aus der kognitionspsychologischen Forschung stammenden Aufgabentypen verlangen vom Teilnehmer, ein inhaltlich eingekleidetes Computerprogramm so zu steuern, daß bestimmte Zielvorgaben erreicht werden. Beispiele für derartige Programme sind AIRPORT (Obermann 1991), TEXTILFABRIK (Hasselmann u. Strauß 1995) und UTOPIA (Scharley et al. 1992). Mittlerweile hat das Instrument Eingang in die Personalarbeit gefunden und wird dort einerseits zur Diagnose, andererseits zu Entwicklungs- und zu Trainingszwecken eingesetzt. Erfaßt und trainiert werden damit auch strategische Kompetenz, vernetztes und systemisches Denken, Entscheidungsfreude sowie Stärken und Schwächen im Umgang mit Komplexität und Unbestimmtheit.

Entgegen allen Erwartungen konnte kein nennenswerter Zusammenhang zwischen der Leistung im Steuern computersimulierter Szenarien und dem Abschneiden in konventionellen Intelligenztests gefunden werden. Zusammenhänge in mittlerer Höhe ergaben sich jedoch zwischen der Steuerleistung und einzelnen Beurteilungsdimensionen in Assessment-Centern, so etwa mit Problemlöse- und Entscheidungsfähigkeit, mit Belastbarkeit sowie mit Führungspotential (Strauß 2000). Die Vorhersagekraft dieser Verfahren liegt bislang leider nicht im erhofften Bereich.

Psychologische Tests

Traditionellerweise werden intellektuelle Fähigkeiten mittels psychologischer Tests erfaßt. Aufgrund der Erkenntnisse der Intelligenzforschung und der Testpsychologie, die in den letzten Jahrzehnten durch Forschungsergebnisse der Kognitionspsychologie zur Analyse geistiger Prozesse erweitert und ergänzt wurden, existieren neben einer gesicherten theoretischen Basis eine breite Palette unterschiedlichster Testverfahren. Kognitive Leistungstests beruhen in der Regel auf wohldefinierten Konzepten, Durchführung und Auswertung sind standardisiert, und sie haben sich als zuverlässige Determinanten beruflicher Leistung erwiesen. Dennoch werden sie im Rahmen von Assessment-Centern eher zögerlich eingesetzt. Worin könnte der Grund für diese Zurückhaltung liegen?

Sehen wir einmal von grundsätzlichen Vorbehalten gegen psychologische Testverfahren ab und lassen wir auch die Bemerkung von H. Schuler (1996) beiseite, der süffisant anmerkte, daß rein verhaltensorientierte Assessments offenbar verstärkt dort eingesetzt würden, wo es an Kompetenz zum Einsatz psychologischer Testverfahren mangele, dann könnte ein Grund darin liegen, daß die Inhalte vieler Leistungstests keinen erkennbaren Bezug zum Berufsalltag eines Managers haben. Die Tests sind damit zumeist auch nicht auf jene Aufgabenbereiche zugeschnitten, die das Assessment-Center prüfen will, wie Fisseni und Fennekels (1995) einwenden, und haben von daher für die Beobachter – sofern es sich um Führungskräfte der Linie handelt – kaum Augenscheinvalidität. Die Beobachter sind außerdem nicht – wie bei den situativen Übungen – in den Diagnoseprozeß integriert; so daß ihnen die Identifikation mit den Ergebnissen eines solchen Tests entsprechend schwer fällt. Dies zeigt sich in der Praxis auch daran, daß sie in der Beobachterkonferenz den individuellen Testwerten vergleichsweise wenig Aufmerksamkeit schenken. Auch bei den Teilnehmern stehen Intelligenztests nicht unbedingt »hoch im Kurs« (es sei denn, der Test wird in Rahmen eines »Self-Assessments« durchgeführt und die Ergebnisse verbleiben beim Teilnehmer).

Mit dem von der ITB Consulting entwickelten Verfahren »Interpretation wirtschaftlicher Zusammenhänge« liegt ein Instrument vor, das diese Einwände und Vorbehalte weitgehend entkräftet: Es weist – sowohl als Test wie auch als situative Übung – einen Bezug zu den beruflichen Anforderungen an einen Manager auf. Es bietet die Möglichkeit, einen der vorhersagekräftigsten Faktoren hinsichtlich des beruflichen Erfolgs in standardisierter und kontrollierter Form zu erfassen und beobachtbar zu machen. Es ist nicht zuletzt eine Verfahren, bei dem die Beobachter in den Diagnoseprozeß integriert sind und sich erfahrungsgemäß mit dem Verfahren identifizieren.

»Interpretation wirtschaftlicher Zusammenhänge« (IWZ) in der Praxis

Beschreibung des Verfahrens

Jede IWZ-Aufgabe besteht aus der graphischen Darstellung eines wirtschaftlichen Sachverhalts, wie man sie im Wirtschaftsteil von Tageszeitungen und in Wirtschaftsmagazinen häufig findet. Die Inhalte der Charts sind breit gestreut und beziehen sich auf betriebs- und volkswirtschaftliche Zusammenhänge ebenso wie auf gesundheits- oder umweltpolitische Sachverhalte. Ähnlich vielfältig sind die graphischen Darstellungen auf den Charts, die von einfachen Kurvendiagrammen zur Repräsentation von Verläufen, Entwicklungen oder Trends bis hin zu Diagrammen reichen, in denen Veränderungs- oder Verhältnismaße dargestellt sind.

Der Graphik folgen jeweils drei Behauptungen, die sich auf den dargestellten Zusammenhang beziehen. Die Aufgabe des Bearbeiters besteht darin, jede der Behauptungen daraufhin zu überprüfen, ob sie dem graphisch dargestellten Sachverhalt zufolge korrekt ist (vgl. die Beispielaufgaben in Abb. 1 und 2).

Die korrekte Bearbeitung einer IWZ-Aufgabe erfordert keine speziellen betriebs- oder volkswirtwirtschaftlichen Fachkenntnisse, wohl aber eine rasche Auffassungsgabe, analytisches und schlußfolgerndes Denkvermögen sowie die notwendige geistige Flexibilität, auch mit hypothetischen Fragestellungen umzugehen. Häufiges Lesen des Wirtschaftsteils von Tageszeitungen ist indes ebenso von Vorteil beim Bearbeiten der Charts wie eine gewisse Vertrautheit mit gängigen Formen graphischer und tabellarischer Darstellungen.

»Interpretation wirtschaftlicher Zusammenhänge« als Leistungstest

IWZ-Aufgaben können zunächst einmal in traditioneller Form als psychologischer Test eingesetzt werden. Die ITB Consulting verfügt über eine Reihe derartiger Tests, die jeweils zwischen 10 und 20 Charts umfassen, deren Bearbeitung zwischen 45 und 90 Minuten in Anspruch nimmt und die an je unterschiedlichen Zielgruppen (Nachwuchs- und Führungskräften) normiert sind. Vom Typus her handelt es sich bei den IWZ-Tests um spezielle Leistungstests, die – anders als beispielsweise allgemeine Intelligenztests – nicht auf die Erfassung einzelner, möglichst »eindimensionaler« Fähigkeiten zielen, sondern die mehrere intellektuelle Fähigkeiten zusammen mit allgemeinem »Wissen von der Welt« erfassen. Die Ergebnisse können in bewährter Weise als Fähigkeits-

Die folgende Graphik zeigt für einen Chemiekonzern zum einen die jährlichen Kosten für Vorsorgemaßnahmen zum Umweltschutz (KV), zum anderen die jährlichen anfallenden Kosten für die Beseitigung der von ihm verursachten Umweltschäden (KB). Beide Kostenarten sind jeweils in Relation zum Grad der Umweltverschmutzung angegeben, den der Konzern verursacht. Addiert man die Werte für KB und KV, so erhält man die Gesamtkosten, die der Konzern für die Umwelt aufwendet.

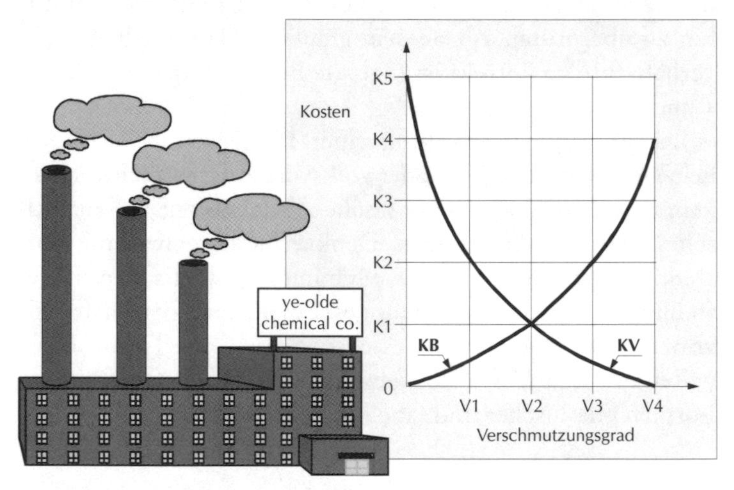

Welche der folgenden Behauptungen über die jährlichen Ausgaben des Konzerns für die Umwelt ist bzw. sind diesen Informationen zufolge korrekt?

A Will der Konzern den Verschmutzungsgrad bei V1 halten, muss er Gesamtkosten aufwenden, die zwischen K2 und K3 liegen.

B Je weniger der Konzern insgesamt für die Umwelt aufwendet, desto höher ist der Verschmutzungsgrad.

C Bei einem Verschmutzungsgrad von V2 muss der Konzern Gesamtkosten von K1 aufwenden.

Abbildung 2: Interpretation wirtschaftlicher Zusammenhänge: zweite Beispielaufgabe

grad interpretiert werden. Der Testwert kann mit den Werten einer Vergleichsgruppe in Beziehung gesetzt werden, so daß eine Aussage über die intellektuelle Leistung der betreffenden Führungs- oder Führungsnachwuchskraft im Vergleich zu anderen Führungskräften möglich ist. Dies allein ist bereits eine bedeutsame diagnostische Information. Damit sind die Möglichkeiten der IWZ-Aufgaben jedoch noch nicht ausgeschöpft.

»Interpretation wirtschaftlicher Zusammenhänge« als Arbeitsprobe

Anders als bei der Lösung von Testaufgaben zur Erfassung der allgemeinen Intelligenz handelt es sich bei der Bearbeitung von IWZ-Charts um eine Anforderung, die zum Berufsalltag eines Managers gehört. Das Analysieren und Interpretieren von Wirtschaftsdaten ist eine Tätigkeit, die im Rahmen vieler Anforderungsanalysen explizit erwähnt wird: rasche Verarbeitung aktueller Berichte, Meldungen, Statistiken und Unternehmenskennzahlen, das Herleiten von Folgerungen aus diesen Informationen sowie das Erkennen ihrer Bedeutung für das eigene Unternehmen und den eigenen Bereich.

Was liegt näher, als den Umgang mit Wirtschaftsdaten zusätzlich im Rahmen einer situativen Übung zu erfassen, bei welcher die Charts als Arbeitsmaterial fungieren und bei welcher der konkrete Umgang mit derartigen Informationen im Zentrum des Interesses steht. Nachdem der Teilnehmer die Aufgaben als Test bearbeitet hat, werden die Charts per Overhead-Projektor an die Wand projiziert und der Teilnehmer hat die Aufgabe, ausgewählte Charts im Beisein von zwei (oder auch mehr als zwei) Beobachtern »laut denkend« zu analysieren und zu interpretieren. Anders als in der Testsituation werden bei der situativen Bearbeitung auch Begründungen gefordert und offene Fragen gestellt, die dem Teilnehmer spontane Reaktionen abverlangen. Die auf den Charts dargestellten Wirtschaftsinformationen werden dabei unter neuen Blickwinkeln beleuchtet, es werden Zusatzannahmen eingeführt oder neue Rahmenbedingungen definiert. Die Fragen liegen für jedes Chart in unterschiedlichem Komplexitätsgrad vor, wodurch die Schwierigkeit der Aufgabe kontinuierlich erhöht werden kann; auf diese Weise kann eine

Art »Testing the Limits« vorgenommen werden. Zusatzfragen zum Chart in Abbildung 1 sind etwa: Unter welchen Bedingungen ist JQ bzw. AQ größer als 1? Welche Werte sind im Sinne unseres (noch) bestehenden Rentenversicherungssystems günstig? Wenn jede der drei Altersgruppen gleich viele Personen umfaßt, wie verhält sich dann JQ zu AQ?

Durch den Einsatz der IWZ-Charts im Rahmen einer situativen Übung können eine Vielzahl diagnostisch wertvoller Informationen gewonnen werden, die weit über den Informationswert der bloßen Testergebnisse hinausgehen. Während man sich bei traditioneller Bearbeitung von Tests mit den *Ergebnissen* von Denkprozessen zufrieden geben muß (man hat streng genommen nur das Kreuz auf dem Antwortbogen), gewinnt man im Rahmen einer Arbeitsprobe Informationen über die der Lösung zugrundeliegenden Denkprozesse (Maichle 1994). Ähnlich wie bei Anwendung der »Methode des lauten Denkens« (Ericsson u. Simon 1984) kann auf diese Weise Einblick in die Art des Herangehens an bestimmte Problemstellungen und die Art der Problembearbeitung gewonnen werden: Prozesse des Abstrahierens und des Konkretisierens, des Schlußfolgerns und des Transferierens können direkt beobachtet werden: Der Prozeß des Denkens wird wahrnehmbar und beurteilbar.

In der situativen Übung werden neben den »verbalisierten Denkprozessen« unter anderem auch Aspekte der emotionalen Stabilität sichtbar. Durch die Tatsache, daß der Teilnehmer die zum Teil kniffligen Fragestellungen sozusagen »im Scheinwerferlicht« vor Publikum zu bearbeiten hat und Denkfehler für alle sichtbar werden, geht es bei dieser Übung prinzipiell um »Denken unter Streßbedingungen« (eine Situation, in der ein Manager sich vergleichsweise oft befindet und der er grundsätzlich gewachsen sein sollte). Bereits das »öffentliche Denken« kann als (leichtere) Streßsituation gelten; die Belastung nimmt zu, wenn bei der Analyse Probleme auftreten: wenn etwa der Bearbeiter einen Zusammenhang nicht sogleich versteht, wenn er eine Frage nicht auf Anhieb beantworten kann, wenn er bemerkt, daß er einen Aspekt nicht berücksichtigt hat (Wobei Charts und Fragen vom Komplexitätsgrad her so gestaltet sind, daß jeder Bearbeiter seine individuelle Leistungsgrenze erreicht.).

Die Belastung, der sich der Teilnehmer in dieser Situation zu stellen hat, ist eine sehr ich-nahe: Es geht um die öffentliche Auseinandersetzung mit dem eigenen intellektuellen Vermögen und dessen Grenzen. Die Analyse und Interpretation der IWZ-Charts vor Publikum bietet eine gute Möglichkeit, den Grad der emotionalen Stabilität zu beobachten und zu beurteilen.

Das Verfahren stellt auch vergleichsweise hohe Anforderungen an die Beobachter, da diese in der situativen Übung eine Doppelfunktion wahrnehmen: Sie sind abwechselnd Fragende und Beobachtende; sie wählen die Charts und die Fragen passend zum Leistungsniveau des Teilnehmers aus, führen abwechselnd das Gespräch und protokollieren die Antworten und das übrige beobachtbare Verhalten des Teilnehmers. [1]

Voraussetzung dafür, daß die diagnostischen Möglichkeiten der Übung »Interpretation wirtschaftlicher Zusammenhänge« voll genutzt werden können, ist eine profunde Vorbereitung der Beobachter auf ihre Aufgaben. Es reicht nicht, daß sie die zu analysierenden Charts und die zu überprüfen-

---

1 ITB Consulting hat eine Reihe von kognitiven Arbeitsproben konzipiert, bei denen die Beobachter auch Interagierende in dem Sinne sind, daß sie Fragen stellen, sich etwas erklären lassen, Präsentiertes hinterfragen (z. B. im Rahmen von Fallbearbeitungen, Projekten oder Postkorbübungen). Die Beobachter übernehmen dabei keine Rolle in dem Sinne, daß sie sich in eine andere Person hineinversetzen müssen; sie bleiben – wie bei einem Interview auch – sie selbst.

Die Vorteile dieses Vorgehens liegen zum einen im diagnostischen Bereich: Die Beobachter können genau dort, wo für sie noch Unklarheiten bestehen, wo ihnen zur Einschätzung der intellektuellen Kompetenz des Teilnehmers noch bestimmte Eindrücke fehlen, nachhaken, zusätzliche Informationen einholen, sich Vorgehensweisen erklären und begründen lassen, Hintergrundwissen erfragen, Möglichkeiten austesten. Auf diese Weise wird aus einem Standardverfahren ein adaptives Verfahren, das sich dem Verhalten und den Möglichkeiten des einzelnen Teilnehmers anpaßt und ihm so besser gerecht wird. Vorzüge liegen zum anderen im »atmosphärischen Bereich«: Es hat sich gezeigt, daß die Beobachter engagierter und mit mehr Hingabe bei der Sache sind, wenn sie selbst aktiv werden können und nicht lediglich Zuschauer sind.

den Behauptungen kennen und die Aufgaben lösen können. Sie müssen das Konstruktionsprinzip der Aufgaben, die schwierigkeitsgenerierenden Merkmale der Charts und die Komplexität der Zusatzfragen sowie deren Implikationen beherrschen.

Diese Voraussetzungen werden im Rahmen des dem Assessment-Center vorgeschalteten Beobachtertrainings geschaffen: Die Beobachter bearbeiten selbst die nach Schwierigkeitsgrad geordneten Charts, lernen, die zusätzlichen offenen Fragen den Teilnehmern nach definierten Regeln vorzugeben und die Antworten zu bewerten. Als Hilfsmittel dienen Beobachtungsbögen mit der Beschreibung jener Vorgehensweisen, die in dieser Aufgabensituation als »intelligent« und solchen, die als weniger intelligent oder als fehlerhaft gelten. Zur Beobachtung und Beurteilung der Dimension »Emotionale Stabilität« erhalten sie – wie bei allen übrigen Dimensionen des Assessments auch – Beispiele für erwünschtes Verhalten und Beispiele, die als Indikatoren für mangelnde emotionale Stabilität zu werten sind (z. B.: Zeigt auch angesichts eines Denkfehlers keine Anzeichen von Nervosität (+), Nimmt sich bei komplexen Fragestellungen Zeit zum Nachdenken (+), Macht nach einem Denkfehler vermehrt Flüchtigkeitsfehler (-), Zeigt äußerliche Anzeichen von Nervosität, läuft unruhig hin und her, gerät ins Stottern etc (-)).

Praktische Erfahrungen

Das Instrument »Interpretation wirtschaftlicher Zusammenhänge« wurde von der ITB Consulting bislang sowohl im Rahmen unternehmensinterner Entwicklungs- oder Orientierungs-Assessments als auch bei Auswahl-Assessments für Trainees und »Young professionals« eingesetzt. Als Beobachter fungierten überwiegend Führungskräfte der Linie sowie Mitarbeiter der Personalabteilung der betreffenden Unternehmen; nur in Ausnahmefällen übernahmen Berater der ITB Consulting diese Rolle. Die Erfahrungen, über die im folgenden berichtet wird, beruhen auf insgesamt rund 50 Einsätzen im Rahmen von Gruppen- und Einzel-Assessments bei Großunternehmen aus unterschiedlichen Branchen.

Handhabbarkeit und Akzeptanz des Verfahrens durch die Beobachter

Trotz der vorgeschalteten umfangreichen Lern- und Übungsphase – welche die Beobachter nicht nur zusätzliche Zeit, sondern auch viel Anstrengung und Einsatz kostet – wird das Verfahren von den beteiligten Führungskräften als »kognitive Arbeitsprobe« sehr geschätzt: Eigenen Angaben zufolge gelingt ihnen die Erfassung des intellektuellen Verhaltens in dieser speziellen Situation besser als in anderen situativen Übungen, wie etwa Gruppendiskussion, Präsentation oder Zweiergespräch, und sie sind sich ihrer Einschätzungen sicherer.

Während sie bei letzteren ein komplexes, interaktives, oft kaum vorhersehbares Geschehen im Blick behalten müssen, das sie selbst in Verhaltenssequenzen zerteilen, relevantes Verhalten auswählen, dieses dann protokollieren und dabei den »richtigen« Dimensionen zuordnen sollen, verläuft dieser Prozeß bei der Beobachtung und Protokollierung von Prozessen des »lauten Denkens« bei der Analyse und Interpretation der Wirtschaftscharts geordneter und in überschaubareren Bahnen: Das Material, mit dem sich der Teilnehmer beschäftigt, ist dem Beobachter bekannt, er kann das »intelligente Verhalten« gezielt provozieren, weiß also in etwa, worauf er sich bei seinen Beobachtungen konzentrieren muß; die Verbalisierungen sind direkt wahrnehmbar und können nach definierten Regeln geordnet werden. Die Möglichkeit, adaptiv vorzugehen, bietet eine zusätzliche Hilfe bei der Einschätzung der intellektuellen Kompetenz des Teilnehmers. Viele Beobachter schätzen nicht zuletzt die intellektuelle Herausforderung, die in den Charts steckt und die zum spielerischen Umgang mit den Fragestellungen anregt.

Auch »emotionale Stabilität« im beschriebenen Sinn ist deshalb vergleichsweise gut zu beobachten, weil der Grad der Belastung durch den Beobachter gesteuert werden kann, indem er mehr oder minder komplexe Charts vorgibt. Denkfehler oder kognitives Unvermögen sind – als prinzipiell streßinduzierende Momente – für den Beobachter gut zu erkennen, die individuellen Reaktionen darauf gut zu erfassen.

Akzeptanz des Verfahrens durch die Teilnehmer

Von den Teilnehmern wird das Verfahren unterschiedlich beurteilt; nachträgliche Befragungen förderten alle Varianten der Einschätzungen von Begeisterung bis zur Ablehnung zu Tage. So gibt es bei jedem Assessment Teilnehmer, die sich nach Abschluß der Übung noch einmal in ausgewählte Charts vertiefen und über einzelne Fragestellungen diskutieren wollen. Natürlich gibt es auch Teilnehmer, die ihre Aversionen gegen diesen Aufgabentypus offen äußern. Insgesamt aber stoßen die Charts nicht – wie dies beim Einsatz von Intelligenztests bisweilen zu beobachten ist – generell auf Ablehnung. Die Einstellung zu den Wirtschaftscharts streut allerdings stärker als dies bei anderen Verfahren der Fall ist.

Gleiches gilt für die Leistung: Die Ergebnisse der Aufgabenbearbeitung vor Publikum streuen stärker als die Ergebnisse aller übrigen Assessment-Elemente. Vor allem bei Gruppenübungen, aber auch bei Präsentationen und Zweiergesprächen, ist bei den Beobachtern nicht selten eine gewisse Scheu vor der Vergabe von Extremwerten festzustellen. Daß dies bei den IWZ-Aufgaben nicht zu beobachten ist, dürfte auch daran liegen, daß sich die Beobachter hier ihrer Wertungen sicherer sind als bei anderen Arbeitsproben.

Wie funktioniert das Verfahren im Rahmen eines Assessment-Centers?

Basis dieser Betrachtung waren acht Assessment-Center in einem großen Dienstleistungsunternehmen, die von ihrem Aufbau und von den Durchführungsbedingungen her weitgehend identisch waren. Hauptzielsetzung des Verfahrens war die Auswahl von Führungsnachwuchskräften. Die Teilnehmer waren Hochschulabsolventen und »young professionals«, die in Gruppen zu jeweils acht Personen zu einem eineinhalbtägigen Assessment-Center ins Bildungszentrum des Unternehmens eingeladen worden waren. Neben dem Test und der situativen Übung »Interpretation wirtschaftlicher Zusammenhänge« enthielt das Assessment-Center eine Selbstpräsentation, eine geführte Gruppendiskussion, eine Projektbearbeitung, ein Kundengespräch und ein Interview.

Zunächst interessierte uns die Frage, inwieweit die »Verhaltensdimension« Intellektuelle Kompetenz, wie sie im Rahmen der Arbeitsprobe erfaßt wurde, und die »Testdimension« Intellektuelle Kompetenz, wie sie aus der Testbearbeitung resultierte, miteinander zusammenhängen. Aufgrund des speziellen Arrangements – identische Charts und dadurch vergleichbare intellektuelle Anforderungen, unterschiedliche Erfassungsmethoden – eröffnete sich hier die Möglichkeit, abzuschätzen, in welcher Größenordnung sich der Einfluß der Meßmethode bewegt. Die Korrelation zwischen beiden Größen beträgt .68. Dieser Wert ist zwar signifikant, fällt aber niedriger aus, als man zunächst vielleicht erwartet hätte: Die in der situativen Aufgabe durch Beobachtung und Beurteilung erfaßte Verhaltensdimension »Intellektuelle Kompetenz« und die durch das Testverfahren gemessene Fähigkeit »Intellektuelle Kompetenz« erfassen gerade einmal zu knapp 50 Prozent gleiches. Daß das Diagnoseergebnis stets eine Kombination von Verhalten und Eigenschaft und spezifischer Meßmethode ist, ist jedem Diagnostiker klar. Dieses Ergebnis zeigt, in welchen Größenordnungen sich der Einfluß der Methode bewegen kann.

Als nächstes interessierte die Frage, inwieweit »Intellektuelle Kompetenz«, wie sie mittels der »Interpretation wirtschaftlicher Zusammenhänge« erfaßt wird, mit anderen Indikatoren intelligenten Verhaltens im Assessment zusammenhängt. Aspekte der »Intellektuellen Kompetenz« wurden bei unserem Assessment-Center im Rahmen einer weiteren situativen Übung, dem Projekt[2], erfaßt. Das dort geforderte »intelligente

2 Beim Projekt wird der Teilnehmer mit umfangreichen Unterlagen zu einem realen Projekt konfrontiert. Seine Aufgabe besteht darin, unter Zeitbegrenzung die wichtigsten Informationen herauszudestillieren und sie im Anschluß einer Gruppe von Beobachtern in knapper und anschaulicher Form zu präsentieren. Auch hier stellen die Beobachter – ähnlich wie bei der situativen Variante der IWZ-Aufgaben – im Anschluß zusätzliche Fragen zum Projekt.

Verhalten«, welches in den Beobachtungsbögen beschrieben ist, umfaßt auch die Aspekte Informationsverarbeitung, Strukturierung, Schwerpunktsetzung, Argumentieren sowie Flexibilität bei der Beantwortung von Fragen.

Das Ergebnis unserer kleinen Studie überrascht mittlerweile kaum: Die Korrelation zwischen den Intelligenz-Ratings in den beiden kognitiven Arbeitsproben liegt nahe bei Null; das heißt: Das im Rahmen des »Projekts« erfaßte intelligente Verhalten hat eine andere Bedeutung als das im Rahmen der situativen Übung IWZ erfaßte (r=.12), und es weist auch keinen Zusammenhang zu den Testergebnissen IWZ auf; hier ist die Korrelation sogar negativ (r= -.10). Wir finden hier also erneut bestätigt, was seit der klassischen Studie von Sackett und Dreher (1982) schon mehrfach repliziert wurde: Es gibt keine Übereinstimmung zwischen den Beurteilungen der gleichen Dimension in verschiedenen Übungen.

Auch die zweite Erkenntnis von Sackett und Dreher konnte bestätigt werden: Beobachter differenzieren in ihrer Einstufung der verschiedenen Dimensionen innerhalb einer situativen Übung nicht wirklich; sie geben vielmehr ein Pauschalurteil pro Übung ab. Auch bei unseren Ergebnissen ist dies der Fall: In der situativen IWZ-Version ist der Zusammenhang zwischen den beiden Verhaltensdimensionen »Intellektuelle Kompetenz« und »Emotionale Stabilität« bedeutsam (r=.57). Ein ähnlich hoher Zusammenhang tritt beim »Projekt« auf, bei dem – neben der intellektuellen Kompetenz – das Kommunikationsverhalten und ebenfalls die emotionale Stabilität von den Beobachtern protokolliert und beurteilt wurden.

Es gibt mehrere Erklärungen für dieses immer wieder zu beobachtende Phänomen: Glaubt man neueren Theorien der sozialen Urteilsbildung, dann entsteht der Eindruck von einem Menschen nicht durch die Synthese vieler Einzelbeobachtungen, sondern als Globalurteil in Form weniger allgemeiner Kategorien. Möglicherweise ist dieses Vorgehen so stark »internalisiert«, daß auch Beobachtertrainings daran nichts Grundlegendes ändern. Es gibt neuere Untersuchungen, die nahelegen, daß im Assessment-Center weniger die auf den Beobachtungsbögen vorgegebenen Dimensionen beobachtet und beurteilt werden, sondern statt dessen einige wenige Grundmerkmale wie Intelligenz, Dominanz und Leistungsmotivation. Nachdem diese Grundmerkmale – allen voran die allgemeine Intelligenz – auch in der Berufstätigkeit erfolgsbestimmend sind, ist dieses Ergebnis nicht zwangsläufig entmutigend, zumal die Wahl der Beurteilungsdimensionen die Vorhersagekraft des Assessment-Centers nicht wesentlich zu beeinflussen scheint (Schuler 1996).

Denkbar ist aber auch, daß die Beobachtungsdimensionen nicht nur in den Köpfen der Beobachter, sondern auch tatsächlich miteinander zusammenhängen. So ist es sogar recht wahrscheinlich, daß die intellektuelle Leistung bei der situativen Bearbeitung der IWZ-Charts auch von der emotionalen Stabilität des betreffenden Teilnehmers abhängt: Ein Teilnehmer, der sich von eigenen Fehlern nicht irritieren läßt, hat sicher bessere Grundvoraussetzungen bei der Aufgabenbearbeitung als ein Teilnehmer, der rasch nervös wird und dies auch erkennen läßt. Daß in unserem Fall zwischen der Verhaltensdimension »Emotionale Stabilität« und der Testdimension »Intellektuelle Kompetenz« kein bedeutsamer Zusammenhang existiert, bestärkt uns in dieser Vermutung.

Folgerungen

Mit dem Instrument »Interpretation wirtschaftlicher Zusammenhänge« hat die ITB Consulting ein Verfahren entwickelt, welches sich sowohl in Form eines psychologischen Tests als auch im Rahmen einer kognitiven Arbeitsprobe anwenden läßt. Test und Arbeitsprobe stehen sich hier nicht unvereinbar gegenüber, sie ergänzen sich vielmehr in idealer Weise. Die Vorteile der Methode »Test« (gut abgesicherte Konzepte, hohe Objektivität, Standardisierung) verbinden sich mit jenen der Methode »Arbeitsprobe« (Möglichkeit der Prozeßanalyse, Augenscheinvalidität für Beobachter und Teilnehmer, Erfassung von Verhaltensweisen, welche zur Gestaltung von Feedbackgesprächen und von Entwicklungsmaßnahmen unverzichtbar sind) und bilden zusammen ein Verfahren, das bereits in zahlreichen Assessment-Centern mit Erfolg eingesetzt werden konnte.

Unsere Erfahrungen mit diesem Instrument bestärken uns in unserem Vorgehen, die zentralen Anforderungen in einem Assessment-Center grundsätzlich multimodal und nicht nur situativ zu erfassen: Ein »gemischtes Verfahren«, in dem möglichst unterschiedliche Methoden zur Anwendung kommen, in dem möglichst viele Aspekte abgedeckt werden und in dem jede einzelne Dimension möglichst facettenreich erfaßt wird, bietet nach allem, was wir wissen, die besten Voraussetzungen für eine gelungene Vorhersage des beruflichen Erfolgs. Daß das Instrument »Interpretation wirtschaftlicher Zusammenhänge« den Beobachtern auch noch Spaß macht, ist ein erfreuliches Nebenprodukt.

Literatur

Arbeitskreis Assessment Center e.V. (Hg.)(1996): Assessment Center als Instrument der Personalentwicklung. Hamburg.

Bray, D. W.; Grant, D. L. (1966): The assessment center in the measurement of potential for business management. Psychological Monographs 80 (17, Whole No. 625), 1-27.

Ericsson, K. A.; Simon, H. A. (1984): Protocol Analysis. Cambridge.

Fisseni, H.-J.; Fennekels, G. (1995): Das Assessment-Center. Einführung für Praktiker. Göttingen.

Gebert, D.; Krause, D.; Meyer zu Kniendorf, C. (2001): Aktuelle Trends in der Assessment-Center-Anwendung. Wirtschaftspsychologie 3: 47-55.

Hasselmann, D.; Strauß, B. (1995): TEXTILFABRIK. Hamburg.

Höft, S.; Funke, U.; Schuler, H. (1997): Erhebungs- und Analysestrategien zur multimodalen Erfassung sozial kompetenten Verhaltens. Beitrag zur 39. Tagung experimentell arbeitender Psychologen, Berlin.

Hossiep, R. (1996): Psychologische Tests – die vernachlässigte Dimension in Assessment Centern. In: Sarges, W. (Hg.), Weiterentwicklung der Assessment-Center-Methode. Göttingen, S. 53-67.

Lord, R. G.; De Vader, C. L.; Alliger, G. M. (1986): A meta-analysis of the relation between personality traits and leadership perceptions: An application of validity generalization procedures. Journal of Applied Psychology 71: 402-410.

Maichle, U. (1994): Cognitive processes in understanding line graphs. In: Schnotz, W.; Kulhavy, R. W. (Hg.), Comprehension of graphics. North Holland, S. 207-226.

Obermann, C. (1991): AIRPORT. Problemlösesimulation V.2.2. Gummersbach.

Sackett, P. R.; Dreher, G. F. (1982):Constructs and assessment center dimensions: Some troubling empirical findings. Journal of Applied Psychology 67: 401-410.

Scharley & Partner (1992): UTOPIA. Konstanz.

Scholz, G.; Schuler, H. (1993): Das nomologische Netzwerk des Assessment Centers: eine Metaanalyse. Zeitschrift für Arbeits- und Organisationspsychologie 37: 73-85.

Schuler, H. (1996): Psychologische Personalauswahl. Göttingen.

Schuler, H. (2000): Das Rätsel der Merkmals-Methoden-Effekte. In: von Rosenstiel., L.; Lang-von Wins, T. (Hg.), Perspektiven der Potentialbeurteilung. Göttingen, S. 53-71.

Schuler, H.; Höft, S. (2001): Konstruktorientierte Verfahren der Personalauswahl. In: Schuler, H. (Hg.), Lehrbuch der Personalpsychologie. Göttingen, S. 93-133.

Strauß, B. (2000): Die Messung der praktischen Intelligenz von Managern mit Hilfe computersimulierter Szenarien. In: von Rosenstiel, L.; Lang-von Wins, T. (Hg.), Perspektiven der Potentialbeurteilung. Göttingen, S. 129-151.

Thornton, G. C.; Byham, W. C. (1982): Assessment centers and managerial performance. Orlando.

Thornton, G. C.; Gaugler, B. B.; Rosenthal, D.; Bentson, C. (1987): Die prädiktive Validität des Assessment Centers – eine Metaanalyse. In: Schuler, H.; Stehle, W. (Hg.), Assessment Center als Methode der Personalentwicklung. Stuttgart, S. 36-60.

Hans-Jörg Didi

Der Postkorb

Einleitung

Die Postkorb-Übung, ein situatives Verfahren zur Erfassung von Managementfähigkeiten, ist fester Bestandteil der Assessment-Center-Methode und hat darüber hinaus, vor allem in den USA, auch als eigenständiges Instrument weite Verbreitung gefunden.

Der Postkorbbearbeiter wird üblicherweise aufgefordert, sich in eine Führungskraft hineinzudenken, die von einer meist mehrtägigen Dienstreise heimkehrt und gleich vom nächsten Tag an wieder über einen längeren Zeitraum unterwegs sein wird. Er findet eine Reihe von Nachrichten, Notizen und Briefen in seinem Postkorb (In-Basket) vor und muß nun entscheiden, wie mit den einzelnen Vorgängen zu verfahren ist.

Der Charme der Übung besteht darin, daß es sich bei diesen Vorgängen um sehr realistische Dokumente handelt, also etwa um Notizen auf firmeneigenen Formularen und in unterschiedlicher Handschrift und Diktion oder um Geschäftspost auf »echten« Briefbögen.

Dem Bearbeiter stehen alle Handlungsmöglichkeiten zur Verfügung, die auch im Berufsalltag denkbar sind: delegieren, auf die Reise zur Erledigung mitnehmen, ignorieren, Wiedervorlage anordnen, Termine festlegen und verschieben, Anweisungen formulieren und so weiter. Einzige Ausnahme: Meistens sind die Instruktionen so verfaßt, daß während der Bearbeitung (und auch im fiktiven Folgezeitraum) keine Kontaktaufnahme zur Firma und Geschäftspartnern möglich ist. Der Grund für diese Einschränkung liegt auf der Hand: Die in vielen Fällen durchaus sinnvolle Maßnahme, »am nächsten Tag erst einmal mit diesem oder jenem zu telefonieren« gibt nur wenig Aufschluß über die Ausprägung der interessierenden Managementfähigkeiten.

Um dem Bearbeiter leichten Zugang zu seiner Rolle zu ermöglichen, werden ihm meist zusätzliche Hintergrundinformationen (Organigramm, Kurzbeschreibungen von Firma, Abteilung sowie den wichtigsten Kollegen und Mitarbeitern) an die Hand gegeben, welche die trockene Aufgabenstellung mit Leben füllen. So ausgestattet ist er in der Lage, beinahe »wie im richtigen Leben« zu agieren und kann sich nicht auf ein »Es kommt darauf an« oder ähnlich ausweichende Reaktionen zurückziehen.

Die offensichtliche Übereinstimmung der Anforderungen, die sowohl das Instrument an den Bearbeiter als auch der Berufsalltag an den Manager stellen, ist einer der großen Vorteile des Postkorbs, der ihm eine hohe Akzeptanz sowohl der Anwender als auch der Bearbeiter beschert.

Keine neue Idee, aber längst noch kein »alter Hut«

In seiner 1836 erschienenen Abhandlung »The Statesman« beschreibt Henry Taylor, wie er sich einen erfolgreichen Staatsmann vorstellt.[1] Im zwölften Kapitel, das mit »Concerning Certain Points of Practice« überschrieben ist, legt

---

1 Seine detaillierten Ausführungen beziehen sich dabei nicht nur auf Arbeitsweise und öffentliches Auftreten, sondern beschreiben zum Beispiel auch die Wesenszüge der Frauen, die bevorzugt geehelicht werden sollten, oder das Amüsement, dem nachzugehen sich einem Staatsmanne zieme (auf die beiden letztgenannten Punkte – bitte seien Sie nicht enttäuscht – wird im folgenden nicht näher eingegangen). In Form einer machiavellistischen Satire erläutert Taylor z. B. wie ein Minister erniedrigt, wie in einem erbitterten Streitgespräch die Oberhand behalten oder wie eine gute Reputation erreicht werden kann. So wird auf die Probleme des modernen, bürokratischen Staates hingewiesen und gleichzeitig ein Ratgeber für erfolgreiches Agieren in einem solchen System vorgelegt.

Taylor dar, wie ein erfolgreicher Staatsmann idealerweise mit eingehenden Schriftstücken zu verfahren habe. So solle zuerst festgestellt werden, welche Vorgänge ein sofortiges Handeln erforderlich machen und welche nicht. Einmal so eingeteilt sollten die Schriftstücke jedoch nur wieder bearbeitet werden, um dann auch in der betreffenden Angelegenheit unmittelbar zu einer Entscheidung zu kommen, da mehrmaliges Durchsehen von Papieren nur Zeitverschwendung sei und die Schwierigkeit der Angelegenheiten nur noch vergrößere. Auch solle, wenn kein zwingender Grund andere Prioritäten vorschreibe, die schwierigste Angelegenheit zuerst angegangen werden, »... with the unblunted edge of conscious energy« (S. 83).

Fühle sich ein Mensch größeren Aufgaben nicht gewachsen, sei für gewöhnlich zu beobachten, daß er sich weniger schwierigen Dingen zuwende, deren Erledigung er sich zutraue. Die Zeit, die der Erledigung wichtiger Dinge vorbehalten sei, werde also mit der sorgfältigen Erfüllung weniger wichtiger Aufgaben vertan, die eigentlich zugunsten ersterer zurückstehen oder auch ganz außer acht gelassen werden müßten. Dabei wachse die subjektive Bedeutung jener Angelegenheiten, derer man sich annehme, und befriedige dadurch auch das Pflichtbewußtsein, obwohl ja die wesentlichen Anforderungen umgangen worden seien.

Weiterhin kritisiert Taylor das – vor allem von älteren Staatsmännern hoch geschätzte und oft praktizierte – Handeln gemäß Vorschriften und Anordnungen. Man müsse statt dessen die Absicht verstehen, aus der heraus administrative Regeln etabliert worden seien, und dann die Umstände des konkreten Einzelfalls prüfen, ob hier die Anwendung der Regel im Sinne eben jener Absicht sei oder nicht. Oft komme es durch diesen Abgleich zu Änderungen, Erweiterungen und Verbesserungen der ursprünglichen Regeln. So hat Henry Taylor schon den Rahmen abgesteckt, in dem sich auch eine Postkorb-Übung heutigen Zuschnitts bewegt. Die Anforderungen und Schwierigkeiten, die sich bei der Bearbeitung von Schriftstücken im Posteingang einer Führungskraft ergeben, wurden von ihm bereits detailliert dargestellt.

Von der Beschreibung der Schwierigkeiten und Probleme sowie der Darlegung der »richtigen« Vorgehensweise bei der Bearbeitung schriftlicher Vorgänge war es dann kein weiter Weg mehr bis zur Entwicklung eines Tests, der genau diese »Management-Fähigkeit« erfaßt.

Das Trennen von Wesentlichem und Unwesentlichem, die richtige Einschätzung der Dringlichkeit eines Vorgangs, eine daran orientierte ökonomische und effiziente Zeiteinteilung bei der Bearbeitung und auch das Prüfen der Umstände des konkreten Einzelfalls vor der Anwendung allgemeiner Verfahrensregeln sind auch heute noch von zentraler Bedeutung für die Bewältigung der Anforderungen, die eingehende Schriftstücke an eine Führungskraft stellen.

Die Entwicklung des ersten »In-Basket Tests«

Der erste »In-Basket Test« wurde dann doch erst in der frühen 50er Jahren des 20. Jahrhunderts von den Amerikanern Norman Frederiksen, D. R. Saunders und Barbara Wand, Mitarbeitern des Educational Testing Service (ETS), im Auftrag der US Air Force entwickelt. Interessanterweise diente dieser Postkorb nicht als Auswahlinstrument, sondern als Erfolgskontrolle für Weiterbildungskurse der Command and Staff School (CSS), in denen speziell ausgewählte Offiziere auf die Wahrnehmung umfangreicher administrativer Verantwortung vorbereitet wurden. Dabei lautete die Zielvorgabe, nicht theoretisches Wissen über die Unterrichtsinhalte zu erfassen, sondern die Umsetzung dieses Wissens in konkretes Arbeitsverhalten.

Ausgehend von der Beobachtung, daß ein Großteil der täglichen Arbeit eines Offiziers sich um den Inhalt seines Postkorbs (In-Basket) dreht – ein Behältnis aus Draht, Holz oder Kunststoff auf seinem Schreibtisch, in das an ihn gerichtete Schriftstücke hineingelegt werden –, wählten Frederiksen und Kollegen genau diese Tätigkeit der Postkorbbearbeitung aus, um daraus das gewünschte diagnostische Instrument zu entwickeln.

Sie begründeten die Neuentwicklung damit, daß die bisher vorliegenden Instrumente (im wesentlichen Tests intellektueller Fähigkeiten sowie situative Verfahren wie z. B. Gruppendiskussionen) entweder Ergebnisse lieferten, die nur schwach mit den Leistungen bei komplexen beruflichen Aufgabenstellungen zusammenhingen, oder solche, die wenig objektiv und zuverlässig seien.

Der In-Basket Test stellt nun den Versuch dar, einen den beruflichen Alltag abbildenden situativen Test vorzulegen, der in seiner Abbildfunktion ökologisch valide, aber zugleich auch zuverlässig und objektiv auswertbar ist.

Frederiksen und Kollegen verwandten viel Zeit und Mühe sowohl auf die Zusammenstellung von typischen und bedeutsamen Postkorb-Dokumenten als auch auf die Entwicklung einer adäquaten Auswertungsmethode. Dabei wurde das Experten-Know-how von mehreren hundert Offizieren (Positionsinhabern und Dozenten) intensiv genutzt: Immer wieder neue Gruppen stellten Material zusammen, entwarfen Kategorien von Problemstellungen und darauf bezogenen Lösungsmöglichkeiten und überprüften, ergänzten und verbesserten solche Kategoriensysteme.

Am Ende lag für jeden Postkorb-Vorgang eine erschöpfende Auflistung möglicher Antworttypen vor, von denen jede mit einer Zahl bewertet war, die für die Güte der betreffenden Reaktion stand. Dabei wurde jeder Postkorb-Vorgang für die Bewertung von jeweils einer (von insgesamt fünf) Fähigkeitsdimension (wie etwa »Flexibler Umgang mit Strukturen – Veränderungsbereitschaft«) herangezogen.

Die Bewertung einer Postkorb-Antwort bestand nun darin, die Antwort zu lesen, mit den aufgelisteten Antworttypen für den betreffenden Vorgang zu vergleichen, zu entscheiden, zu welchem Typ die Antwort gehört, und den entsprechenden numerischen Wert bei der zugehörigen Fähigkeitsdimension zu notieren. Es zeigte sich, daß auf diese Weise die Objektivität und Zuverlässigkeit der Auswertung gewährleistet werden konnte: In vielen Versuchen wurde belegt, daß jeweils zwei Auswerter bei der Bewertung derselben Postkorbbearbeitung weitgehende Übereinstimmung erzielten.

Die Beziehung sowohl zwischen den Noten in den CSS-Kursen als auch zwischen Intelligenztestergebnissen und den Leistungen bei der Postkorb-Bearbeitung waren nicht sehr eng: Die Postkorb-Bearbeitung verlangt – wie auch die darin abgebildete berufliche Anforderung – mehr als »nur« Intelligenz und theoretisches Wissen.

Rasche Verbreitung der Postkorb-Methode

In den folgenden Jahren brachte der ETS die Postkorb-Methode als »Business In-Basket Test« auch in Wirtschaftsunternehmen sowohl als Trainings- wie auch als Auswahlinstrument zum Einsatz. Prominente »Pioniere« waren AT&T, IBM, die Dayton Rubber Company und Boeing.

Die steigende Nachfrage führte zu einem wachsenden Angebot: So entwickelte beispielsweise die Universität von Michigan eine ganze Serie von Trainings-Postkörben, die interessierten Firmen zum Kauf angeboten wurden. Dabei waren es wohl die folgenden Merkmale, welche für die rasche Verbreitung des Postkorb-Verfahrens sorgten:

1) Statt bloßer Reproduktion von Wissen wird die Anwendung von Wissen erfaßbar.
2) Der Bearbeiter wird mit einer komplexen Situation konfrontiert, die analytisches und kritisches Denken sowie die Fähigkeit zum Problemlösen erfordert.
3) Der Postkorb-Bearbeiter erhält Gelegenheit, Originalität und Kreativität zu zeigen.
4) Die »Meta-Fähigkeit«, Situationen richtig einzuschätzen und soziale wie technische Details zu beurteilen, wird erfaßt.
5) Die Fähigkeit und die Bereitschaft, Entscheidungen zu fällen, wird gemessen.
6) Die Leistung des Bearbeiters ist – anders als etwa bei Gruppenübungen – unabhängig vom Verhalten anderer Teilnehmer.

In der Folge wuchs nicht nur die Anzahl der Postkorb-Einsätze, sondern auch die Zahl der Zielgruppen: neben Managern in Unternehmen, Militär und öffentlichen Verwaltungen wurden spezielle Postkörbe etwa für Feuerwehrleute, Vorarbeiter und Sekretärinnen zusammengestellt. Auch bei diesen speziellen Entwicklungen handelt es sich um Arbeitsproben, in denen typische Anforderungen abgebildet werden.

Die Erfahrungen waren überaus positiv: Es überrascht nicht, daß die Ergebnisse in einem Postkorb für Sekretärinnen, in denen die Bearbeiterinnen unter anderem nach einer Tonbandaufzeichnung einen Brief schreiben, einen vorgeschrieben Brief korrigieren und eine Konferenz organisieren sollen, sehr gute Prädiktoren für das tatsächliche Arbeitsverhalten sind.

Norman Frederiksen selbst konzipierte in den folgenden Jahren weitere Postkorb-Verfahren, wobei er vor allem Wert auf die Optimierung der Auswertung legte. So entwickelte er für den »Bureau of Business In-Basket Test« ein Auswertungsschema nach Art einer Strichliste: Für jeden der 36 Vorgänge muß überprüft werden, welcher oder welchen von insgesamt 68 Verhaltenskategorien (z. B. »Bittet Mitarbeiter um weitere Informationen bzw. erfragt dessen Meinung«) die konkrete Reaktion des Bearbeiters zugeordnet werden kann. Kommt etwa der Auswerter zu dem Schluß, daß eine Reaktion des Bearbeiters zu Vorgang 7 der Verhaltenskategorie 65 entspricht, so trägt er in Zeile 7 und Spalte 65 des Auswertungsschemas eine »1« ein; ist hingegen eine entsprechende Verhaltensweise bei diesem Vorgang nicht zu beobachten, so läßt er diese Zelle leer (»0«).

Am Ende werden für jede Verhaltenskategorie die »1«-Einträge addiert, so daß sich 68 Summenwerte ergeben. Diese »Basisinformationen« können zu insgesamt acht übergeordneten Merkmalen auf einer höheren Abstraktionsebene (z. B. »Bereitet Entscheidungen vor, indem er zusätzliche Informationen einholt«) zusammengefaßt werden.

Da es bei der Entscheidung »0« oder »1« leicht zu Unsicherheiten beim Auswerter kommt, verfaßte Frederiksen ein 165seitiges (!) Handbuch, das mit vielen Beispielen und Erläuterungen die Auswertung erleichtern sollte. Es überrascht nicht, daß Frederiksen für die Auswertung einer einzigen Postkorb-Bearbeitung vier bis fünf Stunden ansetzte.

Weil selbst ein so umfangreiches Handbuch nicht in allen Zweifelsfällen eine Hilfe sein kann, empfahl Frederiksen die zusätzliche Verwendung eines »reasons for action«-Formulars, das die Bearbeiter unmittelbar nach Beendigung der Postkorbbearbeitung ausfüllen sollten. Darin ist zu jedem Vorgang anzugeben, was getan wurde und warum es getan wurde. Dem Auswerter fällt es leichter, eine Handlung zu bewerten, wenn er die Beweggründe kennt, die hinter dieser Handlung stehen. Alternativ wird ein im Anschluß an die Postkorb-Bearbeitung durchzuführendes Interview vorgeschlagen, in dem der Bearbeiter die Beweggründe für seine Entscheidungen darlegen kann. Überflüssig zu erwähnen, daß die Verwendung eines »reasons for action«-Formulars und die Durchführung eines entsprechenden Interviews sowohl den Bearbeiter als auch den Auswerter weitere Zeit kosten. Damit ist die Achillesferse der Postkorb-Methode angesprochen: Die Auswertung!

Das Leid der Postkorb-Auswerter

Etwa fünf Stunden Arbeitszeit sind ein hoher Preis für ein objektives und zuverlässiges Postkorb-Ergebnis. Ein solcher Zeitbedarf mag noch hinnehmbar sein, wenn der Postkorb zu Forschungszwecken oder als Einzelverfahren im Zuge einer Personalentwicklungsmaßnahme durchgeführt wird. Bei Verwendung als Bestandteil eines (Gruppen-)Assessment-Centers kann eine solch umfängliche Auswertungsarbeit nicht geleistet werden! Da bei der Verwendung der Postkorb-Methode im Assessment-Center (AC) ohnehin ein anderes Auswertungsziel im Vordergrund steht, wird hier in aller Regel auch anders vorgegangen: Ein AC soll Aufschluß über die Ausprägung von einigen wichtigen Fähigkeitsdimensionen geben (in der Regel fünf bis acht). Dabei werden unterschiedliche Verfahren eingesetzt, deren Meßbereiche sich überschneiden, so daß am Ende zu jeder Fähigkeitsdimension die Ergebnisse aus mehreren Verfahren vorliegen (Multitrait-Multimethod-Ansatz). Es kommt hier also weniger darauf an, das diagnostische Potential des Postkorb-Verfahrens bis ins letzte Detail auszunutzen, sondern den Postkorb möglichst gut auf die vorab definierten Fähigkeitsdimensionen abzustimmen. So kann eine Postkorb-Auswertung im Rahmen eines AC für Führungskräfte beispielsweise Informationen zu folgenden Fähigkeitsdimensionen liefern:

- Vernetztes Denken,
- Organisationsvermögen,
- Führungsvermögen,
- schriftliches Kommunikationsvermögen und
- Engagement/Initiative.

Je nach Ausgestaltung der Übung lassen sich noch weitere Fähigkeitsbereiche erfassen, dazu später mehr.

Oft wird den Postkorb-Auswertern im Rahmen eines AC eine Musterlösung an die Hand gegeben, anhand derer sie dann im stillen Kämmerlein die Aufzeichnungen der Postkorb-Bearbeiter bewerten. Dies geschieht meist in Form eines summarischen Urteils zu jeder Fähigkeitsdimension, die durch den Postkorb erfaßt werden soll. Zweckmäßigerweise wird dabei diejenige Maßeinheit zugrundegelegt, die auch in den übrigen AC-Übungen verwendet wird (also z. B. eine fünf- oder sechsstufige Skala).

Bei dieser Form der Auswertung nimmt man bewußt Abstriche in punkto Objektivität und Zuverlässigkeit in Kauf. Denn die Bewertung erfolgt in der Regel durch einen einzigen Auswerter, der trotz Musterlösung all jenen typischen Fehlertendenzen unterliegen kann, die in jedweder Situation auftreten können, in der Personen die Leistungen von anderen Personen beurteilen (Milde-/Strenge-Tendenz; Tendenz zur Mitte; Primat des ersten/letzten Eindrucks; Kontrast-Effekt usw.).

Trotz dieser Einschränkung ist das Postkorb-Verfahren dasjenige AC-Element, das mit am häufigsten vorkommt. Zu den bereits erwähnten diagnostischen Vorzügen kommt beim

Einsatz im AC nämlich noch ein weiteres wichtiges Merkmal hinzu: Vielfach wird an der AC-Methode kritisiert, daß sich hier ein bestimmter Erfolgstyp durchsetze, von dem nicht unbedingt gesagt werden könne, ob er wirklich über Managementqualitäten verfüge. Dieser Erfolgstyp läßt sich mit Schuler als »Vielredner mit eindrucksvollem Auftreten und Durchsetzungsvermögen« charakterisieren. Obschon ein gewinnendes Wesen sowohl im AC wie natürlich auch im Beruf manches erleichtert, erwarten AC-Veranstalter doch deutlich mehr und anderes von den Teilnehmern.

Einen wirksamen Schutz vor solchen »Blendern« bieten Einzelübungen wie eben der Postkorb. So wurde vielfach belegt, daß die Resultate der Postkorb-Bearbeitung unabhängig von der physischen Attraktivität und »sozialen Geschmeidigkeit« der Bearbeiter sind: Beim Postkorb lassen sich durch ein gewinnendes Wesen allein keine Punkte erzielen.

Zurück zur Auswertung: Selbst eine »vereinfachte« Postkorb-Auswertung bedeutet für die Auswerter einigen Aufwand: Bei den Auswertern handelt es sich in aller Regel um dieselben Personen, die auch bei den übrigen AC-Übungen als Beobachter im Einsatz sind. Das hat zur Folge, daß diese Personen – weil tagsüber keine Zeit dafür bleibt – bis in die späten Abendstunden mit der Auswertung der Postkorbunterlagen von meist mehreren (in der Regel zwei) AC-Teilnehmern befaßt sind. Es ist leicht nachzuvollziehen, daß dies der Akzeptanz der Methode speziell bei den AC-Beobachtern abträglich ist. Überdies besteht bei Postkorb-Auswertungen, die am Ende eines anstrengenden Tages durchgeführt werden, die Gefahr, daß sich diese ungünstigen Rahmenbedingungen qualitätsmindernd auswirken.

Der Postkorb-Bearbeiter ist aktiv an der Auswertung beteiligt

Diese eher problematischen Merkmale der ansonsten hochgeschätzten Postkorb-Methode führte dazu, daß das ITB-Team Ende der 80er Jahre einen neuen Auswertungsmodus entwickelte. Neben einer enormen Zeitersparnis bietet diese neue Auswertungsvariante weiterhin die Möglichkeit, zusätzliche interessante Fähigkeitsmerkmale zu erfassen.

Die Idee ist ebenso einfach wie überzeugend: Warum soll sich ein Beobachter durch einen Stapel von handschriftlichen Notizen arbeiten und dabei auch noch Mutmaßungen über die Beweggründe einzelner Entscheidungen anstellen, wenn der Postkorb-Bearbeiter dies doch alles selbst darlegen kann? Wie hat man sich das vorzustellen?

Der AC-Teilnehmer hat zunächst 90 Minuten[2] Zeit, um die Postkorbunterlagen, die ihm ausgehändigt wurden, zu bearbeiten.

Er wird instruiert, *echte* Notizen, Anweisungen und Briefe zu schreiben und diese an die betreffenden Vorgänge anzuheften. Weiterhin wird er aufgefordert, seine Termine in den beiliegenden Kalender im Flip-Chart-Format einzutragen. Schließlich soll er gegen Ende der Bearbeitungszeit sämtliche Postkorbvorgänge sortieren, wobei die Kriterien, nach denen das geschieht, natürlich selbst gewählt werden können. Exemplarisch vorgeschlagen werden »mit auf die Reise nehmen«, »delegiert«, »Papierkorb« und »unbearbeitet geblieben, da Zeit zu knapp«.

Dem Bearbeiter wird mitgeteilt, daß er im Anschluß an die eigentliche Postkorb-Bearbeitung zwei Beobachtern erläutern soll, wie er dabei vorgegangen ist und welche Entscheidungen er aus welchen Gründen getroffen hat. Dabei sollen auch die Eintragungen im Terminkalender angesprochen werden. Dafür stehen ihm zunächst 15 Minuten für einen kurzen Vortrag zu Verfügung, der von den Beobachtern nicht unterbrochen wird; anschließend können die beiden Beobachter weitere 15 Minuten lang gezielt Fragen stellen.

Die Beobachter, die mit den Inhalten des Postkorbs bestens vertraut sind (das allerdings ist unabdingbare Voraussetzung!), können bereits dem Vortrag entnehmen, welche Vor-

---

2 Die hier und im folgenden angegebenen Zeiträume sind lediglich Richtwerte, die sich bei Verwendung eines konkreten Postkorb-Verfahrens bewährt haben.

gänge gut und welche weniger gut bearbeitet worden sind, welche typischen Fehler begangen wurden und wie intensiv der Bearbeiter sich mit den einzelnen Problemfällen auseinandergesetzt hat. In der anschließenden Befragung können sie diese Einschätzung durch gezielte Kontrollfragen überprüfen. Dazu stehen ihnen eine Reihe vorformulierter Fragen zu Verfügung, die den zu erfassenden Fähigkeitsdimensionen zugeordnet sind (z. B. »Warum haben Sie (nicht) Frau Oggersheim gebeten, den Gerichtstermin wahrzunehmen?« → Delegationsvermögen). Natürlich steht es den Beobachtern frei, selbst Fragen zu formulieren; dies ist sogar erforderlich, um dem konkreten Fall gerecht zu werden.

Die Beobachter können sich mit ihren Nachfragen sehr gut an das Niveau der Postkorb-Bearbeitung anpassen: Wurde nur wenig und das Wenige auch noch recht oberflächlich behandelt, so wird man auf Detailfragen eher verzichten und statt dessen versuchen, in Erfahrung zu bringen, ob der Bearbeiter wenigstens die groben Zusammenhänge erkannt hat. Bei einer nahezu perfekten Postkorb-Bearbeitung hingegen können die Beobachter in Erwägung ziehen, den Teilnehmer nach Details zu fragen, die er in der Kürze der ihm zu Verfügung gestandenen Bearbeitungszeit, gar nicht parat haben *kann*. Solche »Streßfragen« zielen weniger auf die intellektuellen Fähigkeiten als auf die emotionale Stabilität des Teilnehmers: Wie geht er mit einer solch »unfairen« Frage um?

Unabhängig von der Güte der Postkorb-Bearbeitung können einzelne Vorgänge auch zum Anlaß für allgemeine Fragen genommen werden (»Wenn Sie einmal von der konkreten Problematik im Fall Meyer absehen; was macht für Sie eine ›gute Delegation‹ aus?«). Solche Fragen eröffnen sowohl bei einer sehr schwachen als auch bei einer sehr guten Postkorb-Bearbeitung neue Beobachtungsfelder und somit zusätzliche Chancen für den Teilnehmer.

Der aufmerksame Leser wird nun einwenden, daß damit ein eben noch besonders hervorgehobener Vorteil der Postkorb-Methode verloren geht: Die Unbeeinflußbarkeit der Leistungsbeurteilung durch das Auftreten des Postkorb-Bearbeiters (»Blender-Schutz«). Das stimmt: In dem Maße, in dem sich die Gewichtung zugunsten des Präsentationsteils verschiebt, nimmt auch der Einfluß der sozialen Interaktion zwischen Beobachter und Bearbeiter auf die Bewertung der Postkorb-Bearbeitung zu.

Im Unterschied zu einer »normalen« Präsentationsübung stehen jedoch stets die kritischen Vorgänge des Postkorbs im Vordergrund. Zwar bedarf es auch bei der Postkorb-Präsentation auf Seiten des Beobachters einer gewissen kritischen Selbstaufmerksamkeit, die ihn davor bewahrt, den Blick für die Güte der präsentierten Inhalte zu verlieren, doch die Vielzahl der Postkorb-Fakten bietet hierfür eine wirksame Hilfe.

Die Erfahrung zeigt, daß »Schönredner« ihre Lücken bei der Postkorb-Bearbeitung nicht vertuschen und allenfalls dadurch punkten können, daß sie sich auf eine sympathische (»entwaffnende«) Art und Weise zu ihren Versäumnissen und Fehleinschätzungen bekennen. Hier ist es Aufgabe der Beobachter, dies sauber voneinander zu trennen: Auf der einen Seite ist festzuhalten, daß der Bearbeiter auf charmante Art zu seinen Fehlern steht und damit seinem Gegenüber den Wind aus den Segeln zu nehmen weiß (eine Fähigkeit, die – in Maßen eingesetzt – im Berufsalltag äußerst nützlich sein kann), auf der anderen Seite sind jedoch eben jene Fehler als das zu würdigen, was sie sind, nämlich Ergebnisse einer mangelhaften inhaltlichen Durchdringung, der Nichtbeachtung von Zusammenhängen, dem Verwechseln von Fakten und so weiter.

Der PC-Postkorb: Die Lösung aller Probleme?

Der bildschirmgewohnte, mit E-mail kommunizierende und vom elektronischen Terminkalender erinnerte Leser wird sicher längst darauf hinweisen wollen, daß nicht nur die bislang angesprochenen Schwierigkeiten der Postkorb-Methode ganz einfach gelöst werden können, sondern sich überdies ungeahnte weitere Möglichkeiten auftun, wenn man doch endlich von Papier und Bleistift zum Computer wechselt (sofern er nicht schon längst das Buch beiseite gelegt und bei Google nach »PC-Postkorb« hat suchen lassen):

- Ja, der PC-Postkorb hat einiges zu bieten.
- Nein, der PC-Postkorb wird den traditionellen Postkorb in absehbarer Zeit nicht verdrängen können.

Seit Ende der 80er Jahre des letzten Jahrhunderts wurden im Zuge der rasanten Entwicklung im EDV-Bereich neben komplexen Fallstudien vermehrt auch Postkörbe als Software auf die Rechner gebracht. Neben der Möglichkeit einer völlig fehlerfreien, automatisierten Auswertung in next to no time waren auch zusätzliche neue Anforderungen, die an den Bearbeiter gestellt werden können, ein Anreiz für diese Bemühungen.

So können nach Ablauf einer gewissen Zeit oder in Abhängigkeit von bestimmten bereits bearbeiteten Dokumenten neue Nachrichten – etwa in Form von E-mails – eingespeist werden, die den Bearbeiter mit neuem Input konfrontieren und damit möglicherweise zum Umdenken zwingen. Außerdem kann genau festgehalten werden, wie lange sich der Bearbeiter mit den einzelnen Vorgängen beschäftigt, in welcher Reihenfolge er sich ihrer annimmt und wie oft er die einzelnen Dokumente öffnet. Diese Merkmale des computergestützten Postkorbs klingen allesamt verheißungsvoll, werfen bei genauer Betrachtung jedoch Fragen auf.

Da ist zunächst die Auswertung: Die ersten Versuche, den Postkorb auf den PC zu bringen, offenbarten genau hier eine Schwäche, die auch bei den jüngsten Programmen nicht als beseitigt gelten kann: Auf die Präsentation eines Postkorb-Dokuments folgte schlicht eine Auswahl mehrerer Reaktionsmöglichkeiten, von denen eine oder einige »richtig« und die übrigen »falsch« waren (Multiple Choice). Der Haken an der Sache ist der, daß allein der Blick auf diese Liste möglicher Verhaltensweisen die »Lösung«, die ja darin genau beschrieben sein muß, sehr deutlich hervortreten läßt. Hinzu kommt noch, daß bestimmte Aspekte auf diese Weise gar nicht mehr erfaßt werden können: Während beispielsweise beim traditionellen Postkorb festgestellt werden kann, daß ein Bearbeiter seinen Mitarbeitern für ihre vorbereitenden Arbeiten dankt, ist diese Verhaltensweise als Multiple Choice-

Auswahl nicht denkbar. – Die Option »den Mitarbeitern für ihre vorbereitenden Arbeiten danken« ist so offensichtlich »richtig«, daß auch derjenige sie auswählen wird, der beim traditionellen Postkorb nicht im Traum daran gedacht hätte, seinen Mitarbeitern ein Wort des Dankes zu sagen.

ITB Consulting hat in Kooperation mit dem Softwarehaus AsseT (vormals HQ) in Friedrichshafen einen PC-Postkorb entwickelt, bei dem es dem Bearbeiter nicht gar so leicht gemacht wird: Der Bearbeiter muß bei jeder Aktion drei definierende Elemente seiner Handlung spezifizieren; er muß festlegen

- was getan werden soll (z. B. »zum Vorstellungsgespräch einladen«),
- wer etwas tun soll (z. B. »Herr Dielen«) und gegebenenfalls
- auf wen sich die Handlung bezieht (z. B. »Frau Ackernbusch«).

In diesem an der Handlungstheorie orientierten Schema werden neben den als sinnvoll erachteten Elementen auch viele weniger sinnvolle sogenannte Distraktoren angeboten. Darüber hinaus stehen an jeder Stelle der Postkorb-Bearbeitung alle Elemente zur Auswahl, so daß die schlichte Auswahl der ins Auge fallenden »besten« Reaktion schier unmöglich ist.

Wie läuft diese Variante der Postkorb-Bearbeitung konkret ab?

Angenommen der Bearbeiter, Herr Müller, möchte seinem Büroleiter, Herrn Emsig, den Auftrag erteilen, das Protokoll der letzten Abteilungsleiterbesprechung an seinen Kollegen, Herrn Schmitz, weiterzuleiten. Dazu klickt er zunächst auf das Feld »Was möchten Sie tun?« und wählt dann im sich öffnenden Pop-up-menue aus einer Liste von Vorschlägen die Option »Das Protokoll der letzten Abteilungsleiterbesprechung weiterleiten« aus. Anschließend wird er gefragt »Wer soll dies tun?« und es erscheint eine Liste aller möglichen Personen – inklusive des Bearbeiters selbst. Da eine Handlung gewählt wurde, die sich auf eine Zielperson bezieht, wird schließlich noch das dritte Handlungselement abgefragt: »An wen soll weitergeleitet werden?«

Diese in der Beschreibung recht kompliziert anmutende Prozedur haben selbst ungeübte PC-Benutzer relativ schnell verinnerlicht, so daß wirklich die Inhalte im Mittelpunkt der Bearbeitung stehen und nicht etwa die Systembeherrschung.

Die auf diese Weise festgestellten Postkorb-Leistungen streuen beträchtlich. Mit diesem Verfahren kann also sinnvoll zwischen den Bearbeitern differenziert werden.

Doch auch dieses Verfahren ist nicht der Weisheit letzter Schluß: Die Bearbeiter fühlen sich zu häufig in der Wahl ihrer Reaktionen eingeengt. Genau jene Handlung, die ihnen vorschwebt, wird nicht angeboten, und sie müssen mit derjenigen Vorlieb nehmen, die dieser am nächsten kommt. Letztlich handelt es sich eben doch um eine Multiple Choice-Auswahl und es besteht keine Möglichkeit zur freien Eingabe.

Auch ein Problem ganz anderer Art soll nicht verschwiegen werden: Der beschriebene PC-Postkorb wurde mehrfach auch im Rahmen von AC eingesetzt, was zunächst schon einmal einen organisatorischen Kraftakt bedeutet (sechs baugleiche PC-Systeme sind in einem Hotelraum so zu installieren, daß sechs Bearbeiter zeitgleich und unter gleichen Bedingungen, z. B. hinsichtlich der Beleuchtung, die Übung absolvieren können). Doch das Problem, das auftrat, war nicht technischer Natur (was nicht heißen soll, daß man nicht stets mit einem technisches Problem rechnen muß!), sondern offenbarte sich erst in der Auswertungskonferenz: Hier wurden nun an entsprechender Stelle die Ergebnisse der Postkorb-Bearbeitung eingespeist. Und obwohl die Beobachter vorab an die Funktionsweise des Postkorbs und seinen Meßbereich herangeführt worden waren, und obwohl sie reichlich Gelegenheit zum Selbstversuch hatten, erwiesen sich diese Resultate als »Fremdkörper«. Keiner der Anwesenden »bürgte« für seine Beobachtung und seine Einschätzung, und auch umfangreiche schriftlich vorliegende Detailauswertungen konnten nicht verhindern, daß der PC-Postkorb als »Black-Box« wahrgenommen wurde, die auf geheimnisvolle Weise irgendwelche Zahlenwerte ausspuckt, die dann so, wie sie nun mal sind, in das Gesamtergebnis integriert werden müssen.

Das hinterließ bei den Beobachtern ein ungutes Gefühl und dies natürlich um so mehr, je stärker die Postkorb-Resultate von den Bewertungen in den anderen Übungen abwichen. Diese Erfahrung hat dazu geführt, daß ITB Consulting den PC-Postkorb nicht mehr im Rahmen von Assessment-Centern einsetzt.

Die angesprochene Möglichkeit, bei einem PC-Postkorb während der Bearbeitung neue Informationen einzuspeisen, ist verlockend. Wird doch dadurch so etwas wie Flexibilität, Umstellungsfähigkeit oder Frustrationstoleranz beobachtbar. Setzt man dieses Mittel ein, muß man sich allerdings darüber im Klaren sein, daß man einen Preis zahlt: Die Vergleichbarkeit geht verloren. Während Bearbeiter A bis zu dem Zeitpunkt, an dem die neuen Informationen eingespeist werden, just jene Vorgänge bearbeitet hat, die von diesen neuen Informationen betroffen sind, hat sich Bearbeiter B bis dahin nur mit solchen Vorgängen befaßt, die in keinem direkten Zusammenhang mit den neuen Informationen stehen. Es liegt auf der Hand, daß Bearbeiter A von der veränderten Situation ungleich härter getroffen wird als Bearbeiter B, für den sich im Wesentlichen nichts geändert hat.

Die Möglichkeit eines detaillierten Protokolls der Postkorb-Bearbeitung ist sicherlich von Interesse, vor allem für die Konstrukteure solcher Verfahren, die auf diese Weise wertvolle Informationen für die Optimierung erhalten.

Die direkte Umsetzung solcher Daten in Leistungsmaße ist jedoch problematisch: Was bedeutet es denn konkret, wenn jemand zunächst alle Dokument kurz öffnet? Hat er sich dadurch wirklich den erforderlichen Überblick verschafft, oder hat er nur den Umgang mit dem System geübt?

Läßt eine lange Phase, in der laut EDV-Protokoll nichts passiert, den Schluß zu, daß sich der Bearbeiter intensiv mit dem letzten geöffneten Vorgang befaßt, oder kann es nicht auch sein, daß er sich eine generelle Strategie überlegt oder sich eine mentale Auszeit nimmt oder zur Toilette geht oder irgend etwas anderes unternimmt.

Natürlich ist es wichtig zu wissen, wenn sich ein Bearbeiter für die ersten drei Vorgänge 40 Minuten Zeit nimmt und die restlichen 17 in 20 Minuten erledigt. Auch ist es diagnostisch relevant, wenn festgehalten wird, daß der Bearbeiter sämtliche Vorgänge in exakt jener (zufälligen) Reihenfolge abarbeitet, in der sie auf dem Bildschirm angeordnet sind.

Solche Informationen sollten jedoch auf dieser konkreten Ebene belassen werden und nicht vom Programm (auf welcher Grundlage eigentlich?) in abstrakte Leistungsbeurteilungen (etwa im Hinblick auf »Effektivität«) überführt werden.

Die bisherigen Ausführungen zum PC-Postkorb mögen den Eindruck erweckt haben, der Verfasser halte diese Variante der Methode für entbehrlich. Dem ist nicht so. In den nächsten Jahren wird sich sicherlich die Entwicklung der PC-Postkörbe beschleunigen. So sind etwa selbstlernende Auswertungsprogramme vorstellbar, die freie Eingaben verarbeiten können. Nach einer angemessenen Zahl von »Trainingsdurchgängen« sollte ein derartiges Programm dann in der Lage sein, mit so hoher Zuverlässigkeit weitere Postkorb-Bearbeitungen auszuwerten, so daß die entsprechenden Ergebnisse durchaus für Auswahlentscheidungen herangezogen werden können.

Viel entscheidender ist jedoch, daß die reale »Postkorb-Situation«, welche durch das Instrument abgebildet werden soll, ihrerseits mehr und mehr zu einer Bildschirmsituation wird. Schon heute kommunizieren viele Manager überwiegend in elektronischer Form und immer seltener mit Papierdokumenten. Je stärker diese Entwicklung fortschreiten wird (und sie wird fortschreiten), desto seltsamer wird irgendwann ein »traditioneller« Postkorb anmuten, in dem ein Stapel Blätter liegt.

Wie nah ist nah genug und wann ist nah zu nah?

Wenn es darum geht, im Rahmen eines AC oder einer AC-Reihe ein Postkorb-Verfahren einzusetzen, äußert der Kunde oftmals den Wunsch, den Postkorb so zu gestalten, daß er den tatsächlichen Gegebenheiten im betreffenden Unternehmen so nah wie nur möglich kommt. Dieser Wunsch scheint gerechtfertigt, denn der Postkorb soll schließlich als Arbeitsprobe en miniature genau jene Anforderungen abbilden, die in der Zielposition auf den AC-Teilnehmer zukommen.

So trug ITB Consulting diesem Anliegen eines Kunden sehr gründlich Rechnung und entwickelte in enger Kooperation mit den Inhabern der Zielposition aus dem betreffenden Unternehmen einen Postkorb, der bis ins Detail (so etwa die Gestaltung der internen Notizformulare betreffend) der alltäglichen Wirklichkeit entsprach. Auch die darin enthaltenen Probleme beruhten allesamt auf tatsächlichen Ereignissen.

Bei einer Auswertung über mehrere AC hinweg wurde nun festgestellt, daß sich die Postkorb-Leistungen der AC-Teilnehmer ungewöhnlich schwach voneinander unterschieden. Dies wird bei einem eignungsdiagnostischen Instrument nicht gern gesehen, schließlich sollen ja Unterschiede zwischen den Bearbeitern festgestellt werden.

Eine genauere Analyse der Reaktionen auf die einzelnen Postkorb-Vorgänge ergab, daß sie meist gemäß der geschriebenen und ungeschriebenen Vorschriften erfolgten, die im betreffenden Unternehmen existierten. So war etwa der Ton von Anweisungen und Mitteilungen an Mitarbeiter beinahe durchgängig »direkt und schnörkellos« und mit keinerlei Höflichkeitsfloskeln befrachtet; ganz so, wie auch in der Realität in dem betreffenden Unternehmen kommuniziert wurde. Die bis ins Detail nachempfundenen Mitteilungsformulare mögen ihren Teil dazu beigetragen haben, daß dieser Stil unreflektiert in die AC-Situation übertragen wurde.

Aber auch inhaltlich existierten für die meisten der im Postkorb auftretenden Probleme (explizite oder implizite) Verhaltensregeln, die von den Postkorb-Bearbeitern, die sich ja in ihrer »gewohnten Umgebung« wiederfanden, wie selbstverständlich angewandt wurden.

Die wenigen Unterschiede, die beobachtet werden konnten, bezogen sich auf die Menge der bearbeiteten Vorgänge und auf Verwechslungen von Personen oder Terminen.

Offensichtlich waren hier die Berater der ITB Consulting mit ihren Bemühungen, den Postkorb möglichst nah an den Alltag im Unternehmen des Kunden anzupassen, über das Ziel hinausgeschossen. Denn selbst, wenn ein Postkorb-Bearbeiter auf die Idee gekommen wäre, anders als im Unternehmen üblich auf ein Problem zu reagieren, hätte er vor der Frage gestanden, ob eine andere Reaktion denn überhaupt zulässig sei, oder ob eine abweichende Handlung von den Beobachtern automatisch mit »Punktabzug« geahndet würde.

Um also mit dem Postkorb-Verfahren tatsächlich individuelle Ausprägungen bestimmter Fähigkeitsdimensionen erfassen zu können, empfiehlt es sich, das Postkorb-Szenario bewußt ein Stück weit vom beruflichen Alltag der Bearbeiter zu entfernen. Nur wenn der Bearbeiter sich wirklich mit einem Problem auseinandersetzen muß, kommen seine persönlichen Herangehensweisen und Strategien zum Tragen. Andernfalls gerät man in die Gefahr, statt individueller Verhaltensweisen ein Abbild des institutionellen Status quo zu erhalten, was zwar ebenfalls interessant sein kann, aber meist nicht zu den erklärten Zielen eines AC gehört.

Wer ist (k)ein typischer Postkorb-Bearbeiter?

Ein Kunde bat ITB Consulting für eine Bewerberin um die Position der Chefsekretärin eines Vorstandsmitglieds ein Einzel-AC auszuarbeiten und durchzuführen. Teil dieses AC war ein Postkorb-Verfahren, das auf die besondere Situation der Bewerberin angepaßt worden war: So wurden von ihr beispielsweise keine Personalentscheidungen erwartet, statt dessen jedoch zusätzliche administrative Arbeiten.

Die Bewerberin (die insgesamt die an sie gestellten Anforderungen mit Bravour meisterte) legte eine nahezu perfekte Postkorb-Bearbeitung vor, was die Berater der ITB Consulting – ungeachtet der spezifischen Ausgestaltung des Postkorbs – zunächst etwas ins Grübeln brachte: Sind Sekretärinnen die besseren Manager oder taugt der Postkorb nicht zur Managementdiagnostik?

Beide Fragen sind mit einem »eindeutigen Jein« zu beantworten: Der Postkorb ist ein wertvolles Instrument zur Erfassung von Managementfähigkeiten, so lange es sich bei den Bearbeitern um (künftige) Manager handelt, die sich und ihre Arbeit (noch) selbst organisieren müssen. Wird hingegen das Führen des Terminkalenders, das Vorsortieren und Filtern von Schriftstücken und Anrufen, ja selbst der konkrete Tagesablauf von jemand anderem (z. B. einer Chefsekretärin) geplant, so kann ein Postkorb-Verfahren kein adäquates Abbild der tatsächlichen Anforderungen der Zielposition mehr sein. Würde in einem solchen Fall (z. B. in einem Einzel-AC zur Besetzung einer Vorstandsposition in einem Großunternehmen) dennoch ein typisches Postkorb-Verfahren eingesetzt werden, so könnte man getrost von einem »Kunstfehler« sprechen.

Gelegentliche Klagen, daß etwa ein Bearbeiter auf fast allen Vorgängen lediglich »Frau Schmied zur Erledigung« vermerkte (wobei Frau Schmied im betreffenden Szenario die Sekretärin des Bearbeiters ist) deuten in diese Richtung: Nicht der Bearbeiter macht einen Fehler, in dem er sich etwa vor der Erledigung der ihm zugedachten Aufgaben drückt, sondern der AC-Verantwortliche, der von ihm Aufgaben verlangt, die er in der Realität längst nicht mehr selbst wahrnimmt.

Auf der anderen Seite findet eine versierte Chefsekretärin in einem Postkorb-Verfahren einen wesentlichen Ausschnitt aus ihrem Berufsalltag wieder, denn die im Postkorb verlangten Managementfähigkeiten sind zu einem großen Teil jene, die sie ihrem direkten Vorgesetzten abnimmt oder für ihn wahrnimmt.

Fazit: Die Verwendung eines Postkorb-Verfahrens sollte nicht an der Berufs- oder Funktionsbezeichnung der Zielposition festgemacht werden, sondern an den Aufgaben, die in dieser Position zu erfüllen sind.

Das Methoden-Phänomen bei der AC-Auswertung: Der Postkorb-Faktor

Ein seit langem bekanntes (Sackett u. Dreher 1982) und vielfach (auch durch Untersuchungen von ITB Consulting) bestätigtes Phänomen bei der Auswertung von AC besteht darin, daß die Bewertungen der Beobachter nicht innerhalb der Fähigkeitsdimensionen, sondern innerhalb der Übungen den höchsten Zusammenhang aufweisen: Die Beobachter sehen offenbar nicht die Dimension, sondern die Übung als Einheit.

Wird also etwa mit dem Postkorb-Verfahren »Strategisches Denken«, »Führungskompetenz« und »Belastbarkeit« gemessen, so liegen die drei Werte, welche ein Beobachter für einen bestimmten AC-Teilnehmer als Maß für die Ausprägung der jeweiligen Fähigkeit bei der Bearbeitung des Postkorbs vergibt, in der Regel deutlich näher beieinander als etwa die Werte, die er in Gruppendiskussion, Konstruktionsübung, Verhandlung und Postkorb für die Ausprägung der Fähigkeit »Führungskompetenz« vergeben hat.

Dieser Befund scheint an den Grundfesten der AC-Philosophie zu rütteln: Geht es den AC-Anwendern doch darum, einige ausgewählte Fähigkeitsdimensionen jeweils mittels verschiedener Methoden zu messen (Mutitrait-Multimethod-Ansatz), um so möglichst zuverlässige, weil eben mehrfach abgesicherte Aussagen zu erhalten. Und nun das: Statt einander innerhalb einer Fähigkeitsdimension zu bestätigen, weisen die AC-Bewertungen eher innerhalb einer Übung substantielle Zusammenhänge auf.

Bei näherer Betrachtung relativiert sich jedoch der Schrekken: Es liegt auf der Hand, daß »Führungskompetenz« in der Postkorb-Übung sich in anderen Verhaltensweisen äußert als etwa in der Gruppendiskussion. Im Postkorb geht es dabei in der Regel um »Delegationsvermögen« sowie den Umgangsstil mit Mitarbeitern, soweit er sich aus den Aufzeichnungen und gegebenenfalls der Befragung durch die Beobachter erschließen läßt (Beispiele beobachtbaren Verhaltens: »Kasernenhof-Ton«, »ermuntert Mitarbeiter zu Eigeninitiative«, »findet trotz der knappen Zeit ein paar Worte des Dankes«). In der Gruppendiskussion hingegen stehen andere Aspekte von »Führungskompetenz« im Vordergrund, wie etwa Führungsfähigkeit im engeren Sinne – nämlich die Fähigkeit, eine Gruppe über eine Stunde hinweg so zu leiten, daß die Mitglieder ihre jeweiligen Kompetenzen einbringen können und am Ende etwas dabei herumkommt; Durchsetzungsvermögen; die Fähigkeit, auch etwas schweigsamere Mitarbeiter einzubeziehen.

Die Beispiele machen klar, daß mit den verschiedenen Elementen eines AC meist unterschiedliche Facetten der interessierenden Fähigkeitsdimensionen erfaßt werden. Dies gilt in besonderer Weise für die Postkorb-Übung, die sich als Einzelübung meist recht deutlich von den übrigen AC-Elementen abhebt. Daher überrascht es auch nicht, daß das Sackett-Dreher-Phänomen bei der Postkorbübung am deutlichsten zutage tritt.

Dieses Bild der Fähigkeitsdimension als Puzzle, das aus den Bewertungen in den einzelnen AC-Übungen zusammengesetzt wird, erklärt nicht nur das Primat der Methode gegenüber der Fähigkeitsdimension, es betont auch einen weiteren Vorteil der AC-Methode: Die Vielfalt der AC-Elemente[3] dient nicht nur der Absicherung von Bewertungen gegenüber Zufallseinflüssen (die unterschiedlichen Schwächen einzelner Verfahrensklassen heben sich auf), sondern sie ermöglicht überhaupt erst eine umfassende »Messung« der interessierenden Fähigkeiten.

Es mag nun eingewendet werden, daß man angesichts der geschilderten Befunde doch lieber gleich auf eine Bewertung von Fähigkeitsdimensionen verzichten und statt dessen ausschließlich summarische Urteile über die Leistungen in den

3 Zur Frage der Methodenvielfalt im Assessment-Center siehe auch den Beitrag von Maichle in diesem Band.

einzelnen AC-Übungen abfragen möge (»wie gut« etwa der Postkorb bearbeitet wurde).

Dem ist zu entgegnen, daß die Forderung an die AC-Beobachter, ihre Bewertungen möglichst verhaltensnah und bezogen auf definierte Fähigkeitsdimensionen vorzunehmen, zu einer sehr präzisen Wahrnehmung und Formulierung zwingt. Diese Funktionen der »Ordnung« von Beobachtungen und der Verständigungshilfe für die Beobachter untereinander sind so bedeutsam, daß schon sie allein den Aufwand einer differenzierten Bewertung im AC rechtfertigen.

Abschließend sei darauf hingewiesen, daß die vielfach nachgewiesene Vorhersagekraft von AC-Bewertungen im Hinblick auf berufliche Leistungen durch den hier besprochenen Befund natürlich nicht geschmälert wird: Entscheidend ist letztlich die Güte der einzelnen Beobachtungen. Wird auf dieser Ebene eine hohe Qualität erzielt, so wird sich diese auch in den anschließenden zusammenfassenden Bewertungen widerspiegeln.

Ausgewählte Literatur

Zunächst werden Veröffentlichungen genannt, in denen originale Postkorb-Unterlagen entweder vollständig oder zumindest in großen Ausschnitten enthalten sind. Wegen des beträchtlichen Aufwands, der mit der Konstruktion einer Postkorb-Übung verbunden ist, verwundert es nicht, daß solche Publikationen zum einen ausgesprochen selten und zum anderen allesamt schon etwas älter sind.

Birkeland, D. R. (1978): Methodological Examination of content validity. Dissertation an der Colorado State University. Order No. 7820840 (Mikrofilm). *Enthält mit Ausnahme zweier Seiten den kompletten »Foreman's In-Basket« samt Auswertungsunterlagen.*

Frederiksen, N.; Saunders, D. R.; Wand, B. (1957): The In-Basket Test. Psychological Monographs: General and Applied. 71 (9), Ausgabe 438. *Die erste Postkorbübung: Wie es*

dazu kam und Erfahrungen mit dem damals neuen Instrument. Mit einigen Auszügen aus dem Original (mit Auftritten von »Colonel Goodfellow« and »Reverend Pureheart«).
Jaffee, C. L. (1968): Problems in supervision – an in-basket training exercise. Reading. *Dieses Trainingsbuch besteht aus zwei vollständigen Postkorb-Übungen und jeweils einer Anleitung zur Selbstauswertung.*
Jeserich, W. (1981): Mitarbeiter auswählen und fördern. Assessment-Center-Verfahren. München. *Hierin enthalten eine der wenigen veröffentlichten Postkorb-Übungen in deutscher Sprache. Eine integrierte Logikaufgabe sowie die Anforderung an den Bearbeiter, berufliche und private Interessen gegeneinander abzuwägen, gehören zu den Spezifika dieses Postkorbs.*
Lopez Jr., F. M. (1966): Evaluating executive decision making – the in-basket technique, AMA Research Study 75. New York: American Management Association, Inc. *Das »Postkorb-Handbuch« der frühen Jahre schlechthin. Sehr anschaulich geschrieben, mit vielen Beispielen, aber auch Forschungsbefunden sowie einer Anleitung zur Postkorb-Konstruktion.*

Es folgen Beiträge, die sich mit ausgewählten Aspekten der Postkorb-Übung befassen:

Musch, J.; Lieberei, W. (1997): Eine auswertungsobjektive Postkorbübung für Assessment Center. Berichte aus dem Psychologischen Institut der Universität Bonn, Band 23, Heft 1. *Eine umfassende Diskussion der Postkorb-Übung als AC-Element. Daneben ein Vorschlag für eine verbesserte Auswertung mittels standardisierter Bewertungsblätter.*
Sackett. P. R.; Dreher, G. F. (1982): Constructs and assessment center dimensions: Some troubling empirical findings. Journal of Applied Psychology 67: 401-410. *Dieser Beitrag vertieft die im letzten Abschnitt dieses Beitrags angesprochene Thematik der Übereinstimmung von Bewertungen innerhalb von AC-Übungen.*
Sarges, W.; Wottawa, H. (2001): Handbuch wirtschaftpsychologischer Testverfahren. Lengerich: Pabst. *Hierin enthalten Kurzdarstellungen der folgenden Postkorb-Übungen: Chro-*

nos (ein »Papier-Bleistift-Verfahren« von Musch, J. Lieberei, W., 2000, Göttingen); PC-Office (Fennekels, G. P., 1995, Göttingen); PC-Postkorb (Scharley & Partner, 1987, Konstanz).
Taylor, Sir H. (1836): The Statesman. London. *Eher für historisch Interessierte; diesen jedoch bietet sich ein wahres Lesevergnügen.*

Kristine Heilmann

Die Konstruktionsübung: Eine besondere Gruppenübung im Assessment-Center

Stellen Sie sich vor, Sie haben eine Gruppe von Bewerbern unterschiedlicher Nationalitäten, aus denen Sie die Teilnehmer Ihres internationalen Traineeprogramms auswählen wollen. In der Trainee-Ausbildung werden sich die Teilnehmer in Projektgruppen selbst organisieren müssen: Sich Aufgaben suchen, Sponsoren für deren finanzielle Unterstützung gewinnen, Projektpläne erstellen, gemeinsam Probleme lösen, Aufgaben verteilen, bearbeiten, die Ergebnisse wieder zusammenfügen und anschließend präsentieren. Auch die begleitenden Weiterbildungsveranstaltungen (Seminare, Workshops etc.) werden die Trainees in der Gruppe absolvieren.

Neben einer guten fachlichen Ausbildung – die bringen alle Bewerber mit – sind dafür eine Reihe von soft skills (oder Kernkompetenzen oder Schlüsselqualifikationen) unabdingbar, die Sie in einem Assessment-Center (AC) erfassen wollen. Ihre bisherige Erfahrung hat Ihnen gezeigt, daß vor allem dann Probleme bei der Zusammenarbeit der Trainees auftreten, wenn einzelne mit den Anforderungen, die Teamarbeit an sie stellt, nicht zurechtkommen. Dabei können einzelne »Störenfriede« erhebliche Konflikte in der ganzen Gruppe verursachen.

Das neu zu entwickelnde AC muß also eine Übung enthalten, welche die zentralen Aspekte der Teamarbeit zu beobachten ermöglicht. Klassische Gruppendiskussionen sind für Ihre Bewerbergruppe zu stark auf verbale Fähigkeiten fokussiert – nicht, weil die Trainees keine verbalen Fähigkeiten bräuchten oder hätten, sondern weil Teilnehmer unterschiedlicher Nationalitäten und Studienrichtungen hier spezifische

Unterschiede aufweisen, die zwar festgestellt, aber nicht mit der Einschätzung der Teamfähigkeit vermischt werden sollen.

ITB Consulting hat einem deutschen Technologiekonzern in dieser Situation eine Konstruktionsübung als Teil eines AC empfohlen.

Ich werde darstellen, was das Spezifische an der Konstruktionsübung im Vergleich zu anderen Gruppenübungen ist, welche historischen Vorbilder es gibt, wie eine Konstruktionsübung über die Variation verschiedener Parameter so gestaltet werden kann, daß sie notwendige Anforderungen optimal abbildet, welche Kriterien sich gut beobachten lassen, und ich werde einige Ergebnisse einer kleinen Untersuchung zur sozialen Validität einer Konstruktionsübung berichten. Dabei werden natürlich auch unsere Erfahrungen mit der für die geschilderte Fragestellung entworfenen Übung sowie mit ihren Cousinen, die wir für andere Unternehmen entwickelt haben, einfließen.

Was ist eine Konstruktionsübung? Ein Definitions- oder doch zumindest Abgrenzungsversuch

In der umfassenden Literatur über Assessment-Center wird die Konstruktionsübung in der Regel stiefmütterlich behandelt. In neueren Übersichtsdarstellungen wird sie selten erwähnt (z. B. Fisseni u. Fennekels 1995; Jochmann 1999; Obermann 1992), sie findet sich aber etwas ausführlicher beschrieben in einem der Klassiker (Jeserich 1981). Thornton und Byham (1982; ein weiterer Klassiker) sprechen führerlose Gruppenaufgaben an (leaderless group tasks), die wesentliche Aspekte von Konstruktionsübungen aufweisen. Sie grenzen sie gegenüber der Gruppendiskussion folgendermaßen ab: »The distinction between games (or leaderless group tasks) and leaderless group discussions is not always clear but games usually involve physical as well as verbal behavior, some organization of effort and division of labor among the team members, the requirement of team work, a sequence of interactions with a dynamic environment, and more complex decision-making processes« (S. 177).

In der Literatur, die für Bewerber zur Vorbereitung auf ein AC gedacht ist (z. B. Hustedt u. Hilke 1992; Rompeltien 1999, sowie etliche Seiten im Internet), werden Konstruktionsübungen hin und wieder erwähnt, was – wenn man unterstellt, daß die Autoren dieser Beiträge sorgfältig recherchieren – bedeutet, daß die Übung in der Praxis durchaus häufiger eingesetzt wird. Sie wird in der Regel unter der Überschrift »Gruppenübung« oder »Führerlose Gruppendiskussion« aufgeführt und beschrieben als eine Übung, in der eine Gruppe von Teilnehmern gemeinsam eine praktische Aufgabe bearbeiten oder ein Produkt herstellen soll. Als Beispiel einer konkreten Aufgabenstellung wird am häufigsten der Turmbau genannt (Bau eines standfesten Turms aus Papierstreifen), der ursprünglich für Trainings zum Thema Gruppendynamik entwickelt wurde (Antons 1976). Die Autoren weisen in der Regel darauf hin, daß die Qualität des zu konstruierenden Produkts nicht bewertet wird, sondern es ausschließlich auf das Teamverhalten der Teilnehmer ankommt. Auf die durchaus seltsamen Auswirkungen, die derartige Empfehlungen auf das Verhalten von AC-Teilnehmern haben können, gehe ich später ein.

So selten und so kurz die Konstruktionsübung in der Literatur erwähnt wird, so gering ist die Varianz in der Darstellung, so daß sich als übereinstimmende Bestimmungsstücke ableiten lassen:

1) Die Konstruktionsübung ist eine Gruppenaufgabe.
2) Sie verlangt Umgang mit gegenständlichem Material (im Gegensatz zu »geistigem Material«, d. h. es reicht nicht, nur Gedanken auszutauschen).
3) Ein konkretes Produkt muß konstruiert/gebaut/hergestellt werden.

Die Unterschiede zur Gruppendiskussion liegen in den Punkten 2 und 3: Während in der Gruppendiskussion überwiegend, teilweise auch ausschließlich, gesprochen wird, muß in der Konstruktionsübung praktisch gehandelt werden.

Es reicht nicht, Meinungen auszutauschen oder Beschlüsse zu fassen oder Pläne zu schmieden: Das Besprochene muß auch gleich in die Tat umgesetzt werden, es muß sich bewähren oder verworfen werden, wobei dann eine bessere Lösung gefunden und verwirklicht werden muß. Ausweichmanöver, auf die AC-Teilnehmer bei schwierigen Diskussionsthemen gern verfallen (»Wir greifen den zentralen Punkt heraus, bilden eine Arbeitsgruppe und diskutieren das Thema in der nächsten Sitzung«, »Wir starten ein Pilotprojekt und probieren da Verschiedenes mal aus«, »Wir brauchen erst Vorgaben vom Management, bevor wir entscheiden können« etc.), funktionieren bei der Konstruktionsübung nicht.

Abweichend von der Beschreibung der »leaderless group-tasks« bei Thornton und Byham (1982) verlangt die Konstruktionsübung nicht notwendigerweise nach einer Interaktion mit einer dynamischen Umwelt (was sich als Variante aber realisieren läßt, s. u.), und ob die Entscheidungsprozesse komplexer ausfallen als bei einer Gruppendiskussion hängt stark von der konkreten Aufgabenstellung der beiden verglichenen Übungen ab.

Ein konkretes Beispiel: Die Übung »Waage«

An der Übung, die wir für den eingangs erwähnten Technologiekonzern entwickelt haben, nehmen sechs Personen teil. Wenn sie den Raum betreten, liegt auf einem großen Tisch bereits alles zur Verfügung stehende Material bereit. Die Beobachter sind ebenfalls anwesend; sie greifen während der Übung an keiner Stelle in das Geschehen ein (was ihnen mitunter äußerst schwer fällt).

Die Aufgabe für die Teilnehmer lautet, aus vorgegebenem Material zwei Waagen zu konstruieren,

- deren Funktion auf unterschiedlichen Prinzipien beruht,
- die leicht zu handhaben sind,
- die möglichst exaktes Wiegen über einen gewissen Gewichtsrange hinweg ermöglichen und
- die frei stehen.

Die Teilnehmer sollen sich dazu in zwei Teams aufteilen. Die fertigen Waagen sollen anschließend vorgeführt werden, indem drei Dinge gewogen werden: ein Stein (ca. 500 Gramm), die Menge an Wasser, die bis zum Rand in ein Weinglas paßt (ca. 200 Gramm), und ein Blatt Schreibmaschinenpapier (4 Gramm). Das Gewicht muß jeweils in Gramm möglichst exakt angegeben werden. Für die Konstruktion der beiden Waagen stehen 45 Minuten, für die anschließende Vorführung 10 Minuten zur Verfügung.

Nach dem Lesen der schriftlichen Instruktion äußern die Teilnehmer häufig in irgendeiner Form Freude oder Unmut über die ungewöhnliche Übung und beginnen dann recht schnell, sich mehr oder weniger aktiv zu orientieren, das Material zu sichten, einzelne Fragen zu stellen und so weiter. In dieser Phase müssen folgende Fragen geklärt werden: Was sind mögliche Funktionsprinzipien einer Waage (Balken-, Feder-, Laufgewichtswaage)? Welche Prinzipien lassen sich mit dem Material verwirklichen? Wer arbeitet in welchem Team und welches Team konstruiert welche Waage? Welches Material wird benötigt? In welcher Sprache verständigen wir uns: Deutsch oder Englisch?

In den beiden Teams werden dann in der Regel zunächst die Gestelle der Waagen gebaut. Schwierig werden meist die Lösungen von Detailproblemen, die für das Endprodukt unabdingbar sind: Wie können Waagschalen konstruiert werden, in denen sich die drei zu wiegenden Gegenstände unterbringen lassen? Wie läßt sich das Gewicht des Wassers ohne das Gewicht des Glases feststellen? Wie kann mit den Waagen in Gramm gewogen werden, wo doch kein Gramm-Eichgewicht zur Verfügung steht? Wie erreichen wir ein Auflösungsvermögen, das es erlaubt ein Blatt Papier zu wiegen? Die Diskussion dieser Fragen findet oft wieder teamübergreifend statt. Meistens steht nach dieser Phase nicht mehr allzu viel Zeit zur Verfügung, so daß nun in Eile mit den Wiegevorgängen begonnen wird, dabei werden zum Teil erstaunlich exakte Ergebnisse erreicht.

In der Regel ist die Stimmung während der Übung bei den Teilnehmern entspannt: Nach der anfänglichen Orientierungsphase, in der manche noch etwas unsicher sind, werden die meisten dann von den zu lösenden Problemen so stark in Anspruch genommen, daß sie Prüfungsdruck oder Konkurrenz nicht mehr stark empfinden.

Die Konstruktionsübung als Arbeitsprobe

»Was hat Basteln mit den Anforderungen im Beruf zu tun? Wir sind doch hier nicht auf dem Kindergeburtstag!« In diesem Abschnitt will ich auf Überlegungen eingehen, die begründen, daß eine Konstruktionsübung mit beruflichen Anforderungen eine Menge zu tun haben kann, und ich will aufzeigen, wie man sie anlegen muß, damit dieses Ziel auch erreicht wird.

Zum Begriff der Arbeitsprobe – ein Exkurs in die Geschichte der Psychologie

Die Assessment-Center-Methode beruht auf der Idee, relevante Anforderungen eines Berufs oder einer konkreten Position in zeitlich abgegrenzten Einheiten (den Übungen) zu simulieren und Kandidaten bei der Bewältigung dieser simulierten Anforderungen zu beobachten. Damit sind AC in gewissem Sinne eine Kombination von Arbeitsproben – in »gewissem« Sinne deshalb, weil sich die Verwendung des Begriffs Arbeitsprobe über die Jahrzehnte verändert hat.

Bereits in den frühen Jahren der Angewandten Psychologie wurden Arbeitsproben in der Berufseignungsdiagnostik verwendet. Münsterberg (1912) schilderte in »Psychologie und Wirtschaftsleben« unter anderem »Versuche mit Wagenführern der elektrischen Eisenbahn« (S. 44), in denen er die nötige Aufmerksamkeitsleistung, die die Straßenbahnführer erbringen mußten, mit einem Apparat simulierte und somit gute Fahrer von schlechten unterscheiden konnte.

Giese (1924) definierte in einem Artikel über »Die Arbeitsprobe in der Psychognostik«: »Unter Arbeitsprobe verstehe ich den Versuch, in geregelter Form und an neutralem Stoff dem Prüfling Aufgaben zu stellen, die uns auf Grund seines dabei zu beobachtenden werktätigen Verhaltens einen Einblick in seine charakterologische Struktur ermöglichen« (S. 163). Giese unterscheidet dabei die Arbeitsprobe von der Probearbeit: Letztere setze Kenntnisse und Fähigkeiten voraus, es werde nicht an »neutralem Stoff« gearbeitet; ein Beispiel sei die »schulische Probearbeit«. Die Arbeitsprobe dagegen soll von jedem, ohne spezifische Fähigkeiten oder Kenntnisse, bearbeitet werden können. Die Arbeitsprobe hat somit drei wesentliche Merkmale :

- Die Aufgaben sollen »in geregelter Form« gestellt werden, die Prüfsituation soll also für alle Probanden möglichst gleich sein.
- Die Aufgaben werden »an neutralem *Stoff*« gestellt. »›Stoff‹ ist dabei zumeist durchaus materiell zu verstehen, als zur Arbeit verwendete Masse« (S. 164).
- Die geprüfte Person soll aktiv sein: »*Werktätig* soll die Verhaltungsweise sein: Der Prüfling soll ›arbeiten‹ im volkstümlichen Sinne. ... Wir fordern Handlung, Aktivität, Schaffen« (S. 164).

Gieses Begriff »Psychognostik« hat sich als Bezeichnung für die Diagnostik in der Psychologie nicht durchgesetzt. Und auch der Begriff »Psychotechnik« wird heute für anderes verwendet als noch vor siebzig Jahren – damals bezeichnete er einen Zweig der frühen Psychologie, der sich zum Ziel setzte, »psychische Vorgänge«, wie etwa Intelligenzleistungen, meßbar zu machen. Einer ihrer Vertreter war Moede, der ein Klassifikationssystem entwickelte, worin er »Leistungsproben« nach ihrer Nähe zur Wirklichkeit unterscheidet (Moede 1930):

Bei den *Wirklichkeitsproben* ist größtmögliche Nähe zur Wirklichkeit gegeben: Prüfleistung und Berufsleistung sollen nahezu identisch sein. Als Beispiele für kaufmännische Wirklichkeitsproben nennt Moede: ein Verkaufsgespräch führen, das Suchen von Adressen im Telefonbuch oder das Durchsehen von Konten (S. 309f.). »Wirklichkeitsproben dieser Art sind demnach *Probearbeiten* im engsten Sinne des Wortes. Man erprobt einfach, ob der Prüfling unter den Bedingungen der Wirklichkeit die gewünschten Leistungen bereits im Augenblick der Prüfung hergibt und stellt sein Verhalten beim Leistungsablauf fest« (S. 311).

Die *Schemaproben* sind angezeigt, wenn die »Übernahme der Wirklichkeit« zu kostspielig, zu aufwendig oder schlicht unmöglich ist. »Das Schema der Wirklichkeit ist gleichsam der durch die Analyse gefundene und dem Funktionsbild entsprechende, synthetische, idealisierte Beruf, da wir lediglich die *wesentliche* berufliche Beanspruchung der Leistungsfunktionen entsprechend den praktischen Arbeitsbedingungen herauspräparieren und Einrichtungen schaffen, die in eichbarer Form diese wesentliche funktionale Berufsbelastung teils isoliert, teils komplex erfassen« (S. 311f.). In Schemaproben lassen sich somit Schwierigkeit, Anzahl und Art der Anforderungen besser variieren.

Abstrakte Proben schließlich stellen eine Prüfung der notwendigen Funktionen losgelöst von der konkreten Arbeitssituation dar. Voraussetzung für abstrakte Proben ist eine gründliche Arbeitsanalyse, in der die für die Berufsausübung notwendigen Funktionen identifiziert wurden. Allerdings kann die »Eigenart des Stoffes eine derartige Neuanforderung an die Leistungsfunktionen [stellen], daß sie nur mit diesen arbeitseigenen Stoffen und der arbeitseigenen Instruktion begutachtet werden kann« (S. 313). Eventuell ist also eine Anforderung arbeitsumgebungsspezifisch und kann daher nicht mit einer abstrakten Probe geprüft werden.

Wenn nun zum Beispiel ein Patient seinen Arzt fragt, ob sein Herz das Besteigen sehr hoher Berge gestattet, kann der Arzt den Patienten einer Wirklichkeitsprobe unterziehen, indem er ihn einen Berg besteigen läßt. Muß der Patient nur mehrere Treppen steigen, so handelt es sich um eine Schemaprobe und um eine abstrakte Probe handelt es sich, wenn er die Funktionstüchtigkeit des Herzens in seiner Praxis untersucht (Moede 1930). Diesem Beispiel analog unterzieht man einen Traineebewerber, dessen Teamfähigkeit man prüfen möchte, einer Wirklichkeitsprobe, wenn man ihn ins Traineeprogramm aufnimmt und beobachtet, wie er sich in Gruppen verhält, einer Schemaprobe, wenn man ihn im AC bei einer Gruppenübung beobachtet, und einer abstrakten Probe, wenn man ihm einige Persönlichkeitstests vorlegt.

Die Verwendung von Leistungs- und Persönlichkeitstests wurde in den folgenden Jahrzehnten (um die Mitte des letzten Jahrhunderts) in der psychologischen Eignungsdiagnostik stark propagiert; die Idee der Arbeitsproben geriet darüber (fast) in Vergessenheit. So charmant die Idee der psychologischen Tests ist – mache relevante Fähigkeiten und Persönlichkeitsmerkmale auf einfache und kostengünstige Weise meßbar –, so schwierig ist es, diese Verfahren zu konstruieren und nachzuweisen, daß sie tatsächlich messen, was sie messen sollen, und daß das, was sie messen, etwas mit künftigem Erfolg zu tun hat.

Wernimont und Campbell (1968) verhalfen daher in einem vielbeachteten Artikel der Arbeitsprobe zu einer Renaissance. Statt Testleistungen als Anzeichen (»signs«) für zukünftiges Verhalten anzusehen und die Tests dann später an Verhaltenskriterien zu validieren, sei es sinnvoller, Verhaltensstichproben als Prädiktoren zu verwenden, somit also das Kriterium zum Prädiktor zu machen. «An implicit or explicit insistence on the predictor being ›different‹ seems self-defeating. Rather one should really be trying to obtain measures that are as similar to the criterion or criteria as possible" (S. 373). Das Rationale des von den Autoren vorgeschlagenen Vorgehens ist also das Folgende: Bestimme in einer Anforderungsanalyse die für den Job relevanten Verhaltensweisen und prüfe in verschiedenen Arbeitsproben und Simulationsübungen, ob die Bewerber und Bewerberinnen diese Verhaltensweisen zeigen.

Unterstützt wurde ihr Anliegen durch einige spektakuläre Gerichtsurteile in den USA, in denen vorgeschrieben wurde, daß ein Selektionsinstrument in erkennbarem Zusammenhang mit der späteren Tätigkeit stehen muß. Intelligenz- und Leistungstests wiesen zwar eine befriedigende Kriteriumsvalidität auf, ihre Augenscheingültigkeit sowie die Inhaltsvalidität waren jedoch unzureichend, und vor allem hatte sich gezeigt, daß Minoritätengruppen in den auf weiße, männliche Mittelschichtbürger ausgerichteten Tests benachteiligt wurden. Also wurde in der Folge den Arbeitsproben verstärkt Aufmerksamkeit zugewandt, wobei jedoch bis heute die Begriffe Arbeitsprobe, Situationsübung und das englische »work sample« uneinheitlich verwendet werden.

Manchmal werden Arbeitsproben (work samples) auf blue-collar-jobs beschränkt – es geht hier dann um körperliche Arbeit –, wohingegen Situationsübungen (situational exercises) Anforderungen an white-collar-jobs abbilden, wie das in der Postkorb-Übung oder der führerlosen Gruppendiskussion der Fall ist (Muchinsky 1990). Manchmal wird der Begriff Arbeitsprobe aber auch generell für Aufgaben verwendet, die Teilbereiche der beruflichen Anforderungen darstellen, ohne aber eine genaue Abbildung des Berufs zu sein – dann sind auch Postkorb-Übung und Gruppendiskussion gemeint (Engelking u. Stehle 1984; Funke 1993; Lehrenkrauss 1986) –, wohingegen die detailgetreue Abbildung als Simulation bezeichnet wird (z. B. der Flugsimulator, Thornton u. Byham 1982).

Schuler und Funke (1993) unterscheiden nicht mehr zwischen Situationsübungen und Arbeitsproben: »Unter Arbeitsproben werden standardisierte Aufgaben verstanden, die inhaltlich valide und erkennbar äquivalente Stichproben des erfolgsrelevanten beruflichen Verhaltens darstellen« (S. 255). Die Autoren verwenden den Begriff Arbeitsprobe gleichermaßen für typische AC-Übungen, wie die führerlose Gruppendiskussion, die Postkorb-Übung und Wirtschaftsspiele, die »zur Simulation von Führungsaufgaben eingesetzt« werden (S. 257).

Im Vergleich zu den früheren Definitionen von Arbeitsproben kann man heute von einer »erweiterten Auffassung« des Begriffs sprechen (Funke 1993). Als Gemeinsamkeit läßt sich die Forderung festhalten, daß das in der Arbeitsprobe gezeigte Verhalten eine Stichprobe des in der zukünftigen beruflichen Tätigkeit notwendigen, erfolgsrelevanten Verhaltens darstellen soll. Diese Verhaltensstichproben werden dann je nach beruflicher Position unterschiedlich sein: Bei einer Führungskraft werden sie kaum psychomotorisches Verhalten einschließen, aber beispielsweise kommunikatives Verhalten (verhandeln, Feed-back geben etc.) oder planerisches, intellektuelles Verhalten (Analyse von Daten, Konzeptentwicklung etc.). »Verhalten« ist hier also relativ weit gefaßt, da es Fähigkeiten und Wissen mit einschließt.

Soll nun also ein AC – wie zu Beginn dieses Abschnitts formuliert – eine Kombination von Arbeitsproben sein, so müssen die einzelnen Übungen Teile des in der zukünftigen beruflichen Tätigkeit notwendigen, erfolgsrelevanten Verhaltens provozieren. Ob diese Forderung auf Gruppenübungen generell und auf die Konstruktionsübung im besonderen zutrifft, kann im konkreten Fall natürlich nur auf Grund der Ergebnisse einer Anforderungsanalyse beantwortet werden. Sollte diese aber ergeben, daß Teamarbeit ein wesentlicher Bestandteil der beruflichen Tätigkeit ist, so wird eine Gruppenübung im AC sinnvoll sein.[1]

Gruppenübungen, und so auch die Konstruktionsübung, lassen sich nun für verschiedene berufliche Tätigkeiten so anlegen, daß sie eine Stichprobe erfolgsrelevanten Verhaltens provozieren. Dazu können eine Reihe von Parametern variiert werden, die es erlauben, die Übung möglichst genau auf die beruflichen Anforderungen zuzuschneiden.

Die variierbaren Aspekte der Konstruktionsübung

Anzahl der Teilnehmer

Die Anzahl der Teilnehmer beeinflußt die Gruppenprozesse mitunter erheblich: Je größer die Zahl ist, desto größer wird

1 Fragwürdig hingegen kann die Aufnahme mehrerer Gruppenübungen in ein AC-Programm sein, insbesondere, wenn das AC für Führungskräfte höherer Hierarchieebenen gedacht ist und wenn Einzelübungen darüber zu kurz kommen. Gerade in Führungsfunktionen nimmt echte Teamarbeit häufig einen nur noch geringen Stellenwert ein, während ein Großteil der Arbeitszeit in dyadische Gespräche fließt. Gruppenübungen scheinen in derartige AC-Programme häufig nur deshalb aufgenommen zu werden, weil sie doch »irgendwie« zu einem AC dazugehören.

etwa der Bedarf an Organisation und Koordination der Personen. Es können sich Untergruppen bilden, die sich abstimmen müssen. Einzelne Personen werden leichter »vergessen« oder können sich ausklinken. Einige Personen müssen Führungs- oder Koordinationsfunktionen übernehmen, damit die Zusammenarbeit funktioniert. Eine Obergrenze wird durch die Möglichkeiten zur Beobachtung und die Aufgabenstellung gesetzt.

Sinnvoll ist eine Anzahl, die derjenigen von Teams im Berufsalltag entspricht. Gute Erfahrungen haben wir mit Gruppen aus sechs Personen gemacht, die sich selbständig in zwei Teams aufteilen, aber ihre Arbeit teamübergreifend koordinieren müssen. Der Abstimmungsbedarf ist dann bereits so groß, daß diesbezügliche Defizite deutlich sichtbar werden, in den Dreier-Teams ist für alle genug zu tun, so daß jeder die Möglichkeit hat, sich einzubringen, und die Beobachtung des Teilnehmerverhaltens gelingt noch, wobei aber eine feste Zuordnung der Beobachter zu jeweils einem der beiden Teams angezeigt ist – jeder Beobachter muß sich dann nur auf drei Teilnehmer konzentrieren.

Zeitvorgabe

Durch die Zeitvorgabe läßt sich der Zeitdruck während der Übung variieren. Da Zeitknappheit in vielen Berufen ein den Alltag bestimmendes Merkmal ist, erscheint es sinnvoll, in Assessment-Übungen generell, und so auch in einer Konstruktionsübung, die zur Verfügung stehende Zeit eher knapp zu bemessen.

Je größer der Zeitdruck ist, desto wichtiger wird eine gute Zeitplanung und effektive Arbeitsaufteilung, die Teilnehmer müssen sich bei eventuellen Unklarheiten sehr schnell einig werden. Knapp bemessene Zeitvorgaben führen somit zu verschärften Bedingungen, kooperatives und koordinierendes Verhalten wird um so wichtiger.

Zu knappe Zeitvorgaben können jedoch eines der sehr wertvollen Merkmale der Konstruktionsübung gefährden: Sie ist in der Regel eine Übung mit einem hohen »Spaßfaktor«, sie hilft, die Atmosphäre während eines AC zu lockern, die Teilnehmer zu entspannen. Es sollte daher möglich sein, die gestellte Aufgabe in der vorgegebenen Zeit zu bewältigen, Streß und Frustration sollten vermieden werden. Je nach Schwierigkeit der Aufgabe scheint eine Vorgabe zwischen einer halben und einer Stunde sinnvoll.

Kooperationsmöglichkeiten

In der Regel wird man in Gruppenübungen, in denen man ja die Zusammenarbeit der Teilnehmer beobachten will, Kooperationsmöglichkeiten nicht beschränken. Durch die oben angesprochene Einführung von Teilgruppen lassen sich die Kooperationsmöglichkeiten variieren: Es ist dann Abstimmung im Subteam sowie zwischen den Teams notwendig. Erlegt man zusätzlich der Gesamtgruppe die Verantwortung auf, zwei funktionsfähige Produkte zu erstellen (so haben wir es im eingangs geschilderten Beispiel getan), dann ist jedes Team sowohl für das eigene Produkt als auch für das des anderen Teams verantwortlich, was die Kooperationsnotwendigkeit erhöht. Konkurrenz zwischen den Teilgruppen läßt sich einführen, indem etwa ein Vergleich der Werke der Gruppen oder eine Prämierung des besten Werkes angekündigt wird.

Denkbar ist auch, Teamarbeit in sogenannten virtuellen Teams zu simulieren. Die Teammitglieder kommen in einem solchen Fall selten oder nie an einem Ort zusammen, sie kommunizieren in der Regel über Telefon und E-Mail, müssen dennoch gemeinsam Entschlüsse fassen, Arbeit verteilen, sich abstimmen und ein Gesamtprodukt erstellen. In einer Gruppenübung lassen sich diese Bedingungen durch Einschränkungen der Kooperations- und Kommunikationsmöglichkeiten darstellen: Die Teilnehmer halten sich in unterschiedlichen Räumen auf, haben entsprechende Kommunikationsmittel zur Verfügung, dürfen sich gegebenenfalls zwischendurch für eine gewisse Dauer treffen und bearbeiten unter diesen Beschränkungen ein gemeinsames Thema. Erfolgreiche Kooperation wird dann vor allem durch effektive verbale Kommunikation bestimmt, da Mißverständnisse wahrscheinlicher werden als bei einem face-to-face-Kontakt. Eine

Konstruktionsübung würde unter diesen Bedingungen vermutlich zu kompliziert – eine klassische Gruppenübung mit der Aufgabe, eine kleinere Fallstudie zu lösen oder ein Konzept zu erarbeiten, ließe sich aber durchaus realisieren.

Rollenvorgabe

Gelegentlich bietet es sich an, den Teilnehmern in Gruppenübungen verschiedene Rollen zuzuweisen und damit bereits eine Aufgabenverteilung vorzugeben. Häufiger praktiziert wird dies vor allem mit der Leitungs- oder Führungsrolle, wenn Kompetenzen wie »Führungsfähigkeit« eingeschätzt werden sollen. Dann allerdings muß sicher gestellt werden, daß alle Teilnehmer einmal diese Rolle übernehmen, es müssen also entsprechend viele Gruppenübungen durchgeführt werden oder in einer Sitzung wird die Führungsfunktion von jedem Teilnehmer einmal für eine vorher definierte Zeitspanne übernommen.

Weitere denkbare Rollen in einer Konstruktionsübung sind die des Planers, des Ausführenden, des Kontrolleurs, des Koordinators, wobei eine solche Rollenvorgabe natürlich jeweils eine Entsprechung in den Anforderungen der angestrebten beruflichen Tätigkeit haben sollte.

In der Regel sehen wir bei Konstruktionsübungen keine Rollenvorgabe vor. Die Übung scheint uns besonders geeignet, Teamarbeit in einer Gruppe Gleichrangiger zu simulieren. Eine Rollenverteilung ergibt sich dann natürlich trotzdem – bestimmt durch die individuellen Charaktere in der Gruppe.

Material

Falls nicht handwerkliches Geschick zu den Beurteilungskriterien gehört, sollte das Material so ausgewählt werden, daß es ohne besondere Kenntnisse verarbeitet werden kann. Typische Materialien sind Pappe, Papier sowie Schere und Klebstoff. Damit lassen sich die in der Literatur immer wieder genannten Klassiker wie der Turmbau und die Brücke gut realisieren. Wir verwenden für unsere Konstruktionsübungen noch etwas lieber ganz unterschiedliches und vielseitiges

Material: Holzlatten und Schrauben, Metallwinkel, Murmeln, Gummibälle, Luftballons, Windrädchen, Strohhalme, Einmachgläser und dergleichen mehr.

Über die Art des Materials läßt sich die Schwierigkeit der Aufgabe effektiv variieren: Das Material kann zum Beispiel von schlechter *Qualität* sein (der Klebstoff klebt nicht, die Luftballons platzen). Eine andere Erschwernis besteht darin, nur *wenig* Material zur Verfügung zu stellen. Dann muß mit dem Material sparsam umgegangen oder Alternativen müssen entwickelt werden. Absprachen über die Aufteilung des Materials müssen getroffen werden, was den Bedarf an Kooperation und Koordination und auch das Konfliktpotential steigert. Außerdem ist es möglich, *Distraktormaterial* vorzugeben, das nur scheinbar für die Konstruktion verwendet werden und bei der Lösung der Aufgabe in die Irre führen kann. Eine besondere Schwierigkeit liegt vor, wenn die *funktionale Gebundenheit* eines Gegenstands überwunden werden muß. So ist etwa in unserer Übung »Waage« ein Liter Mineralwasser nicht nur für den Inhalt des abzuwiegenden Glases Wasser und zur Löschung eventuellen Durstes vorgesehen, sondern auch als 1 kg-Einheit zur Eichung der Waagen.

Die Aufgabe

Die Aufgabe in einer Konstruktionsübung besteht darin, aus vorgegebenem Material in der zur Verfügung stehenden Zeit ein Produkt herzustellen, das zuvor definierten Kriterien genügt. Also etwa einen möglichst hohen Turm, der auf eigenem Fundament ohne andere Unterstützung stehen kann, mit einer Standfestigkeit, die es ihm erlaubt, eines der beim Bau verwendeten Lineale zu tragen (Antons 1976). Oder zwei Waagen, deren Funktion auf unterschiedlichen Prinzipien beruht, die leicht zu handhaben sind, die möglichst exaktes Wiegen über einen gewissen Gewichtsrange hinweg ermöglichen und die frei stehen (s. o.).

Die Aufgabenstellung ist trivialerweise diejenige Variable, über die sich die Schwierigkeit der Übung am besten beeinflussen läßt. Die beiden genannten Beispiele markieren dabei bereits recht weit auseinander liegende Stellen des Kontinuums. Dennoch sind noch schwierigere Aufgabenstellungen möglich (und bereits erprobt), die dann jedoch schon gewisse Grundkenntnisse etwa der Mechanik voraussetzen. In jedem Fall sollte die Aufgabe so angelegt sein, daß es für alle Teilnehmer ausreichend zu tun gibt, so daß jeder die Chance hat, zum Ergebnis beizutragen.

Die beiden genannten Beispiele unterscheiden sich auch darin, daß es sich bei dem Turm in den Termini der psychologischen Problemlöseforschung um eine reine Aufgabe, bei der Waage hingegen um ein echtes Problem handelt. Nach Dörner (1979) läßt sich ein Problem beschreiben durch einen gegebenen Ausgangszustand, einen mehr oder weniger genau definierten Zielzustand, den es zu erreichen gilt, und eine »Barriere«, die zwischen den beiden Zuständen besteht. Die Tätigkeit des erfolgreichen Problemlösers besteht darin, durch Überwindung der Barriere den Ausgangszustand in den Zielzustand zu transformieren. Eine Aufgabe unterscheidet sich von einem Problem darin, daß zwischen Ausgangs- und Zielzustand keine Barriere besteht. »Aufgaben sind geistige Anforderungen, für deren Bewältigung Methoden bekannt sind. ... Aufgaben erfordern nur reproduktives Denken, beim Problemlösen aber muß Neues geschaffen werden« (Dörner 1979, S. 10).

Betrachtet man die Tätigkeit von Führungs- und Führungsnachwuchskräften, so dürfte die Bearbeitung von Problemen in Teams die kritischere Anforderung verkörpern als die Bearbeitung reiner Aufgaben. Wir versuchen daher, in Konstruktionsübungen die Aufgabenstellungen so zu gestalten, daß sie für die Teilnehmer tatsächlich Probleme darstellen. Der zu konstruierende Gegenstand und seine Funktion muß jeweils so komplex sein, daß der Weg zur Zielerreichung nicht gleich auf der Hand liegt: Nachdenken, ausprobieren, ersinnen neuer Methoden und Wege sollen jeweils gefordert sein. Damit können wir mit der Konstruktionsübung berufliche Aufgaben in struktureller Hinsicht abbilden (z. B. Problemlösung unter bestimmten Rahmenbedingungen in der Gruppe), wenngleich der Inhalt der Aufgabe mit den beruflichen Aufgaben natürlich nichts zu tun hat – kaum ein Führungskraft wird je eine Waage bauen müssen. Die »inhaltliche Füllung« der Aufgabenstruktur dient lediglich der Provokation des diagnostisch relevanten Verhaltens. Die Frage lautet nicht: Können die Teilnehmer eine Waage bauen? Sondern sie lautet: Wie lösen die Teilnehmer gemeinsam ein Problem? Damit unterscheidet sich die Konstruktionsübung nicht von den meisten Gruppendiskussionen, in denen ja auch nicht bewertet wird, welches Ergebnis die Gruppe erarbeitet (in welche Rangreihe fiktive Bewerber gebracht wurden, welchen Anteil des Budgets man für Werbung ausgeben möchte, welche Gegenstände auf den Mond mitgenommen werden sollten und was der beliebten Themen mehr sind), sondern in denen die Beobachter fast ausschließlich auf das Diskussionsverhalten fokussieren.

Was läßt sich beobachten?

Üblicherweise genügt es AC-Konstrukteuren nicht, daß ihre Übungen – wenn sie denn echte Arbeitsproben sind – eine Stichprobe erfolgsrelevanten Verhaltens provozieren, die sie dann direkt als Prädiktor für erfolgreiches Verhalten in der beruflichen Tätigkeit ansehen könnten. In der Regel werden die Beobachtungen zusätzlich in Beobachtungsdimensionen geclustert, die Fähigkeits- und Eigenschaftscharakter haben. Die Vorhersage beruflichen Erfolgs lautet dann nicht mehr: Der Kandidat hat in einer Situation A das Verhalten X gezeigt, also sage ich vorher, daß er auch künftig in Situationen der Art A das Verhalten X zeigen wird. Statt dessen wird in die Vorhersage ein weiterer Schritt eingefügt, der ihren Anwendungsbereich erweitert: Der Kandidat hat in mehreren Situationen Verhaltensweisen gezeigt, die Indikatoren für eine gut ausgeprägte Eigenschaft/Fähigkeit P sind, also sage ich vorher, daß er künftig in womöglich ganz anderen Situationen ebenfalls Verhaltensweisen zeigen wird, die Indikatoren für P sind. Zu den schon seit längerem bekannten methodischen Problemen dieses Ansatzes siehe auch die Beiträge von Didi und Maichle in diesem Band.

Wie der Dimensionskatalog aussieht, der im AC verwendet wird, das ist nun von Unternehmen zu Unternehmen recht unterschiedlich: Je nach strategischer Ausrichtung des Unternehmens und Art der in Frage stehenden Positionen ergeben sich unterschiedliche Schwerpunktsetzungen und Kategorisierungen von Einzelaspekten. Dabei lassen sich häufig jedoch einige grobe Gemeinsamkeiten ausmachen. In den meisten Katalogen treten Dimensionen auf, die sich den drei folgenden Meta-Kategorien zuordnen lassen: (1) Intellektuelle Fähigkeiten (z. B. Strategisches Denken, Analyse-Fähigkeiten, Planungsfähigkeit, Lernfähigkeit, Vernetztes Denken, Problemlösefähigkeit), (2) Soziale Fähigkeiten (z. B. Teamfähigkeit, Kommunikationsfähigkeit, Kontaktfähigkeit, Führungsfähigkeit, Konfliktfähigkeit) und (3) Dynamik/Aktivitätsniveau (z. B. Eigeninitiative, Zielorientierung, Veränderungskompetenz, Ausdauer, Durchhaltevermögen, Handlungsorientierung).

In Konstruktionsübungen lassen sich Verhaltensweisen beobachten, die als Indikatoren für alle drei Meta-Kategorien gelten können – natürlich nicht erschöpfend, aber für bestimmte Aspekte. Hinsichtlich der intellektuellen Fähigkeiten sind es vor allem planerische Fähigkeiten, Ideenreichtum, Offenheit für Ungewöhnliches; bei den sozialen Fähigkeiten liegt der Schwerpunkt auf Teamfähigkeit im Sinne von direkter Zusammenarbeit mit anderen, Kompromißfähigkeit, Einbeziehen anderer, Konfliktlösung. Nicht ganz überschneidungsfrei von den sozialen Aspekten lassen sich Verhaltensweisen beobachten, die für Dynamik stehen im Sinne von Eigeninitiative und Zielorientierung. Im Anhang zu diesem Beitrag finden sich Operationalisierungen von drei möglichen Beobachtungsdimensionen für die Übung »Waage«, wie wir sie für Kunden üblicherweise vornehmen. Die aufgelisteten Verhaltensweisen sind dabei als Beispiele zu verstehen, die den Bedeutungshof der Dimensionen illustrieren, ohne ihn jedoch vollständig beschreiben zu können. Diese Operationalisierungen helfen den Beobachtern im AC bei der Kategorisierung ihrer Beobachtungen.

Nach den mittlerweile sehr umfassenden Erfahrungen, die wir mit Konstruktionsübungen gesammelt haben, ist es wichtig, die Qualität des konstruierten Produkts und den Beitrag, den der einzelne zur Qualität beigesteuert hat, nicht völlig aus der Beurteilung auszuklammern. Nicht nur der Inhalt der Aufgabenstellung scheint den Teilnehmern nahezulegen, daß es auf das Produkt eigentlich nicht ankommt (z. B. Waage im Traineeprogramm), auch die den Markt in häufig nur sehr mäßiger Qualität überschwemmende Literatur zur Vorbereitung auf ein AC betont regelmäßig: In Gruppenübungen dieser Art werde nur auf das Teamverhalten geachtet. So richtig diese Aussage ist – in der Tat wollen wir nicht den besten Waagenbauer, sondern den besten Teamplayer einstellen –, so kurios sind teilweise ihre Auswirkungen. Wir beobachten mitunter Teilnehmer, die eine Stunde lang nichts anderes tun, als ihre Kollegen zu fragen, ob sie zufrieden und glücklich sind, ob man sich nicht noch mal abstimmen solle, ob alle einverstanden mit den beschlossenen Vorgehen sind. Sehr zufrieden und glücklich kommen Gruppen auf diese Weise zu keinem Ergebnis, was im Berufsalltag ein Problem darstellen würde. Ein im Hinblick auf Teamfähigkeit deutlich kompetenteres Verhalten zeigte ein Teilnehmer, der seinen Kollegen sehr schnell mitteilte: »Liebe Kollegen, ich habe keinerlei Ideen, wie wir hier vorgehen könnten. Sagt ihr mir, was ich tun soll und ich tu's.« Und so geschah es: Die Kollegen sagten ihm, was er tun solle, er tat es, und die Gruppe erzielte ein hervorragendes Ergebnis. Hinsichtlich Planung und Ideenreichtum konnte dieser Teilnehmer aber natürlich keine hohen Wertungen erzielen.

Wichtig scheint es in der Konstruktionsübung – so übrigens auch in anderen Gruppenübungen – zu berücksichtigen, auf welchem Kompetenzniveau, was die inhaltliche Aufgabenstellung angeht, teamfähiges Verhalten gezeigt wird. Wir haben Ingenieure beobachtet, die bereits nach wenigen Minuten klare Vorstellungen hatten, wie die beiden Waagen konstruiert werden könnten, aber mit fünf anderen Teilnehmern konfrontiert waren, die noch kaum die Instruktion gelesen hatten. Ob ein Teilnehmer mit einem derartigen Vorsprung versucht, sich zum Diktator aufzuschwingen, oder ob es ihm gelingt, sich zu zügeln und mit der Gruppe ein gemeinsames Konzept zu entwickeln, ist spannend zu beobachten. Gelingt ihm letzteres, ist ihm das hinsichtlich Teamfähigkeit sicher deutlich höher anzurechnen als bei einem Kandidaten, der diesen inhaltlichen Vorsprung nicht hatte.

Empfehlenswert ist es also, den Teilnehmern vor einer Konstruktionsübung mitzuteilen, daß ihr Beitrag zum erzielten Ergebnis Bestandteil der Bewertung ist, daß Vorkenntnisse oder handwerkliches Geschick aber natürlich nicht bewertet werden.

Außerdem sollte bei der Bewertung des Teilnehmerverhaltens berücksichtigt werden, daß funktionierende Gruppen in der Regel Mitglieder brauchen, die bestimmte Rollen übernehmen, etwa den Leiter oder Moderator, den aktiven Unterstützer, den Ausführenden. Eine Gruppe funktioniert meist nicht, wenn mehrere Teilnehmer dieselbe Rolle übernehmen wollen – insbesondere gilt das für die Leiterrolle. Besteht also der Wunsch, in einer ungeführten Gruppe, etwa während der Konstruktionsübung, Aspekte von Führungsfähigkeit zu beobachten, so läßt sich dies nur bei jener Person tun, die die Leitung (freiwillig oder unfreiwillig) übernommen hat. Es wäre ein Fehler, jenen Teilnehmern, die nicht noch zusätzlich in diese Rolle drängen, mangelnde Führungsfähigkeit zu bescheinigen. Für die Bewertung ausschlaggebend sollte nur sein, daß der Kandidat diejenige Rolle, die er übernommen hat, gut ausfüllt – gleichgültig, welche das nun ist. Dieser Gedanke ist um so wichtiger, als Menschen in der Übernahme von Rollen in der Regel flexibel sind: Je nach Gruppenzusammensetzung und Aufgabenstellung nehmen sie mal die eine und mal die andere Rolle ein. Nur wenn ein Teilnehmer die Leitung offiziell zugewiesen bekommt, sie aber nicht wahrnimmt, oder wenn in einer Gruppe Chaos herrscht, weil keiner der Teilnehmer moderierend tätig ist, dann läßt sich ein Defizit in Führungsfähigkeit bei den beteiligten Personen annehmen.

Soziale Validität

Die Beobachtung, daß AC-Teilnehmer während einer Konstruktionsübung häufig überdurchschnittlich aktiv bei der Sache sind, deutlich häufiger lachen als in anderen Übungen und im Nachhinein äußern, sie hätten viel Spaß gehabt, ist ein gutes Indiz für unsere Annahme, mit der Konstruktionsübung ein Element geschaffen zu haben, das zu einer positiven Stimmung und zur Entspannung der Teilnehmer beiträgt. Dennoch waren wir vor einiger Zeit an einem etwas detaillierteren Bild über die Akzeptanz dieser Übung bei den Teilnehmern interessiert.

Für eine kleinere Untersuchung dieser Fragestellung bezogen wir uns auf das Konzept der »Sozialen Validität«, das Schuler und Stehle (1983) als weiteres Gütekriterium für eigungsdiagnostische Verfahren einführten. Die Weiterentwicklung und Verbesserung dieser Verfahren soll sich nach Meinung der Autoren neben den Verbesserungen in »technisch-empirischem Sinne« auf solche Aspekte beziehen, die sie unter dem Begriff soziale Validität zusammenfaßten: »›Soziale Validität‹ schien uns als Sammelbezeichnung dessen günstig, was die eignungsdiagnostische Situation zu einer akzeptablen sozialen Situation macht. (...) Der ›technisch-empirischen‹ Validität zur Seite gestellt, soll es betonen, daß Diagnostik allemal in einem sozialen Kontext stattfindet und daß die Fortentwicklung psychologischer Methoden auch eine Anpassung an die Veränderung sozialer Realitäten zu sein hat« (S. 35). Die soziale Validität wird durch vier Situationsparameter bestimmt:

- *Berücksichtigung sozialpsychologischer Anforderungen* (in Schuler, 1990, auch als »*Information*« bezeichnet): Es geht hier um die »relevante Information über Tätigkeitsanforderungen und wichtige Organisationsmerkmale« (Schuler 1990), »wie es sich beispielsweise in Organisationsklima, Führungs- und Verhaltensstil manifestiert« (Schuler u. Stehle 1983).
- *Partizipation der Betroffenen* sowohl bei der Entwicklung als auch bei der Durchführung: Die Partizipation an der

Entwicklung eines Verfahrens muß notwendigerweise über die Arbeitnehmer und -nehmerinnen im betreffenden Betrieb erfolgen, entweder direkt oder über Arbeitnehmervertretungen. Schuler (1990) versteht Partizipation aber auch »im weiteren Sinn als Möglichkeit, Kontrolle über die Situation auszuüben oder über das eigene Verhalten oder über das Verhalten oder die Entscheidung relevanter anderer, oder verstanden als Freiheit von der Machtausübung anderer« (S. 185).

- *Transparenz* soll bezüglich der diagnostischen Situation sowie bezüglich der Bewertung gegeben sein: »Transparenz der Situation bedeutet die Schaffung einer Beobachtungs- und Beurteilungsgelegenheit, die sowohl in ihrer Gesamtgestaltung (Umfang und Abgrenzung, Kompetenz der Beurteiler, organisatorischer Stellenwert) als auch in den einzelnen verwendeten Verfahren von erkennbarer Relevanz ist, also hohe Augenscheingültigkeit besitzt. ... Mit Transparenz der Bewertung ist gemeint, daß Urteilskriterien, Beurteilungsmaßstäbe, Prinzipien des diagnostischen Schlusses und Urteilsaggregation für die Betroffenen einsichtig sind. Darüber hinaus gilt eine Beurteilungssituation als transparent, die es den Teilnehmern ermöglicht, Selbstbeurteilungen vorzunehmen« (Schuler u. Stehle 1983, S. 36).
- Die *Kommunikation* soll ein wechselseitiger Informationsaustausch sein: Es sollen nicht nur Informationen über den Bewerber gesammelt werden, sondern »auch qualifizierte, entscheidungsrelevante Informationen über das Unternehmen kommuniziert werden« (Schuler u. Stehle 1983). Formal soll die Urteilskommunikation »verständlich (semantisch und pragmatisch), rücksichtsvoll, unterstützend« sein und die »Selbsteinsicht, Integration in das Selbstkonzept und informierte Entscheidung des Kandidaten« erleichtern (Schuler 1990).

Diese vier Situationsparameter sind als die unabhängigen Variablen des Konstrukts »soziale Validität« zu verstehen. Als abhängige Variablen werden von Schuler (1990, S. 186) vorgeschlagen (obwohl er sie als »noch recht unbestimmt« auffaßt): »Akzeptanz, Befinden, Kontrollmöglichkeit, Nichtdefensivität; das Gefühl, fair und respektvoll behandelt und nicht unangemessen dominiert oder zum Objekt gemacht zu werden; der Eindruck, über künftige Aufgaben, Anforderungen und Rollen, über Möglichkeiten und Schwierigkeiten informiert zu werden und Einsicht zu gewinnen in eigene Stärken und Defizite und dadurch eine informierte eigene Entscheidung treffen zu können.«

Die Vorhersagen von Schuler und Stehle (1983), daß AC eine eher hohe soziale Validität haben, psychologische Tests dagegen eine niedrige, haben sich in einigen bisher durchgeführten Untersuchungen, in denen Teilnehmer an Auswahlverfahren befragt wurden, bestätigt. Als besonders positiv wird außerdem das Einstellungsinterview bewertet (Fruhner et al. 1991; Harburger 1992; Schuler 1990; Sichler 1989). In allen Untersuchungen werden die Teilnehmer bezüglich des gesamten Auswahlverfahrens befragt. Untersuchungen, in denen eine differenzierte Bewertung der einzelnen Übungen eines AC erfolgt wäre, sind mir nicht bekannt. Damit bleibt unklar, ob die Teilnehmer alle oder nur bestimmte Übungen eines AC als transparent, fair oder ähnlich empfinden. Schulers (1990) Zusammenstellung verschiedener Untersuchungen zur sozialen Validität von verschiedenen Auswahlmethoden läßt den Autor allerdings zu folgenden Schlußfolgerungen kommen:

- »Als Einzelmethode ist das Einstellungsinterview das bestakzeptierte Auswahlverfahren; ...
- Arbeitsproben und Simulationen im Assessment Center werden als transparent und belastend erlebt und positiv bewertet.
- Fähigkeits- und Leistungstests werden besser akzeptiert als Persönlichkeits- und Interessentests« (S. 190).

Im Rahmen unserer kleinen Untersuchung interessierte uns, ob sich die generelle Tendenz, daß Arbeitsproben und Simulationen in AC positiv bewertet werden, auch für Konstruktionsübungen zeigt. Wir verteilten daher in einigen AC nach Abschluß aller Übungen Fragebögen an die Teilnehmer, um zum einen deren Bewertung des gesamten Verfahrens und zum anderen die Bewertung speziell der Übung »Waage« zu erfassen.

Der Fragebogen bestand aus 32 zumeist offenen Fragen, von denen sich 11 auf das gesamte AC und 21 auf die Übung »Waage« bezogen. Die Formulierung der Fragen orientierte sich an dem Konzept der sozialen Validität von Schuler und Stehle (1983), wobei wir uns auf den Situationsparameter »Transparenz« beschränkten. Weiterhin wurden Fragen über das Empfinden der Situation, also eine allgemeine Bewertung des Verfahrens, gestellt und die Vorerfahrung der Teilnehmer mit ähnlichen Verfahren wurde erfragt.

Für das gesamte AC gilt, daß sich die Teilnehmer fair behandelt fühlten, die Übungen überwiegend Spaß machten, die Atmosphäre als locker und entspannt und die Beobachter als fair, zurückhaltend, freundlich und interessiert wahrgenommen wurden. Die Teilnehmer waren sich überwiegend sicher, wann sie beobachtet wurden und wann nicht, wenngleich hier, wie in allen AC, bei vielen die begründete »Restunsicherheit« blieb, inwieweit Beobachtungen, die außerhalb der eigentlichen Übungen anfallen, in die Bewertungen eingingen. Die Bewertungskriterien wurden den Teilnehmern jeweils zu Beginn der Veranstaltung vorgestellt; unklar blieb den Teilnehmern jedoch, welche Kriterien in welchen Übungen bewertet wurden, was bei einigen zu Unsicherheit führte. Das Ausmaß, in dem in den Übungen berufsrelevante Fähigkeiten und Eigenschaften der Teilnehmer erkannt werden könnten, schätzten die Befragten für die jeweiligen Übungen sehr unterschiedlich ein: Interviews und eine Präsentationsübung schnitten in dieser Hinsicht sehr positiv, die beiden einbezogenen Gruppenübungen, darunter die »Waage«, etwas schlechter ab.

Die Antworten der Teilnehmer auf jene Fragen, die sich direkt auf die Konstruktionsübung bezogen, zeichnen folgendes Bild: Es wurde ausdrücklich, und dies von den meisten Befragten, betont, daß die Übung viel Spaß mache. Dabei wurde die gestalterische Tätigkeit, die zu einem konkreten Ergebnis führt, besonders positiv empfunden. Die Zusammenarbeit in der Gruppe wurde als gut bewertet, die Anwesenheit der Beobachter während der Übung kaum wahrgenommen. Kritikpunkte beziehen sich vorwiegend auf die mangelnde Transparenz der Bewertung: Die in dieser Übung eingeschätzten Kriterien waren nicht bekannt und einige Teilnehmer glaubten, daß technisches Wissen für die Übung von Vorteil gewesen wäre. Die Befragten waren der Ansicht, man könne mit der Übung vor allem Teamfähigkeit und Kreativität gut beobachten und erkennen damit einen gewissen Bezug zu den Anforderungen im Berufsalltag. Eine Selbstbewertung während der Übung war möglich, auch wenn nicht alle Teilnehmer davon Gebrauch machen oder die Ergebnisse des Prozesses mitteilen wollten. Die Teilnehmer konnten ihr Verhalten in der Übung mit ihrem sonstigen Verhalten (intraindividuell) und mit dem Verhalten anderer Personen (interindividuell) vergleichen. Außerdem konnten sie sich mancher Stärken oder Schwächen während der Übung bewußt werden.

Ansätze zur Verbesserung der sozialen Validität ergeben sich also ausschließlich hinsichtlich der Transparenz der Bewertung: Die Akzeptanz der Übung ließe sich leicht dadurch erhöhen, daß die Bewertungskriterien offen gelegt werden – bevorzugt nach der Übung, um Reaktivitätseffekte zu vermeiden. Erläuterungen zur strukturellen Ähnlichkeit der Übung mit vielen beruflichen Anforderungen dürften ein Übriges tun.

Fazit

Ich hoffe, ich konnte in diesem Beitrag zeigen, daß die Konstruktionsübung als Element im Assessment-Center mehr ist als eine reine Spielerei: Sie ist ein diagnostisch ergiebiges Instrument, wenn sie als Arbeitsprobe angelegt wird. Ich habe dargelegt, welche Parameter variiert werden können, damit sie eine Stichprobe des im Beruf erfolgsrelevanten Verhaltens provoziert. Die beobachteten Verhaltensweisen lassen sich gut in die von Unternehmen geforderten Fähigkeits- und Eigenschaftsdimensionen sortieren, insbesondere Indikatoren für Teamfähigkeit sind gut beobachtbar.

Darüber hinaus trägt die Konstruktionsübung zu einer guten Stimmung im AC bei und wird von Teilnehmern wie Beobachtern positiv bewertet. In beiden Personengruppen läßt sich ihre Akzeptanz jedoch noch steigern, indem ihre strukturelle Ähnlichkeit mit beruflichen Anforderungen etwas genauer erläutert wird. Da ihre Augenscheingültigkeit nicht so hoch ist wie die anderer situativer Übungen im AC, ist der Erklärungsbedarf etwas höher – eine zusätzliche Anstrengung für den AC-Konstrukteur, die sich angesichts der Vorteile dieser Übung jedoch in jedem Fall lohnt!

Literatur

Antons, K. (1976): Praxis der Gruppendynamik. Übungen und Techniken. Göttingen.

Dörner, D. (1979): Problemlösen als Informationsverarbeitung, 2. Aufl. Stuttgart.

Engelking, M.; Stehle, W. (1984): Auswahl von Außendienstmitarbeitern in einem Lebensversicherungsunternehmen. Personal – Mensch und Arbeit Heft 3: 91-96.

Fisseni, H.-J.; Fennekels, G. P. (1995): Das Assessment Center. Eine Einführung für Praktiker. Göttingen.

Fruhner, R.; Schuler, H.; Funke, U.; Moser, K. (1991): Einige Determinanten der Bewertung von Personalauswahlverfahren. Zeitschrift für Arbeits- und Organisationspsychologie 35(4): 170-178.

Funke, J. (1993): Computergestützte Arbeitsproben: Begriffsklärung, Beispiele sowie Entwicklungspotentiale. Zeitschrift für Arbeits- und Organisationspsychologie 37(3): 119-129.

Giese, F. (1924): Die Arbeitsprobe in der Psychognostik. Zeitschrift für angewandte Psychologie 23: 162-187.

Harburger, W. (1992): Soziale Validität im individuellen Erleben von Assessment Center-Probanden. Zeitschrift für Arbeits- und Organisationspsychologie 36(3): 147-151.

Hustedt, H.; Hilke, R. (1992): Einstellungstests. Fragebogen, Assessment Center und andere Auswahlverfahren. Niedernhausen.

Jeserich, W. (1981): Mitarbeiter auswählen und fördern. Assessment-Center-Verfahren. München.

Jochmann, W. (1999): Innovationen im Assessment Center. Stuttgart.

Lehrenkrauss, E. (1986): Der richtige Einsatz von Arbeitsproben bei der Personalauswahl. Personal – Mensch und Arbeit Heft 7: 281-283.

Moede, W. (1930): Lehrbuch der Psychotechnik, 1. Bd. . Berlin.

Muchinsky, P.M. (1990): Psychology applied to work. An introduction of industrial and organizational psychology. Pacific Grove, CA.
Münsterberg, H. (1912): Psychologie und Wirtschaftsleben. Leipzig.
Obermann, C. (1992): Assessment Center. Entwicklung, Durchführung, Trends. Wiesbaden.
Rompeltien, B. (1999): Last Minute Programm für das erfolgreiche Assessment Center. Frankfurt a. M.
Schuler, H. (1990): Personenauswahl aus der Sicht der Bewerber: Zum Erleben eignungsdiagnostischer Situationen. Zeitschrift für Arbeits- und Organisationspsychologie 34(4): 184-191.
Schuler, H.; Funke, U. (1993): Diagnose beruflicher Eignung und Leistung. In: Schuler, H. (Hg.): Lehrbuch Organisationspsychologie. Bern; S. 235-283.
Schuler, H.; Stehle, W. (1983): Neuere Entwicklungen des Assessment Center-Ansatzes – beurteilt unter dem Aspekt der sozialen Validität. Psychologie und Praxis. Zeitschrift für Arbeits- und Organisationspsychologie 27(1): 33-44.
Sichler, R. (1989): Das Erleben und die Verarbeitung eines Assessment Center-Verfahrens. Zeitschrift für Arbeits- und Organisationspsychologie 33(3): 139-144.
Thornton, G. C.; Byham, W. C. (1982): Assessment Centers and Managerial Performance. New York.
Wernimont, P. F.; Campbell, J. P. (1968): Signs, Samples, and Criteria. Journal of Applied Psychology 52(5): 372-376.

Operationalisierung von drei Beobachtungsdimensionen

Intellektuelle Fähigkeiten/Planung

+ Plant/koordiniert.
+ Sichtet das Material, bevor er mit dem Bau anfängt.
+ Schätzt den Zeitbedarf für einzelne Tätigkeiten richtig ein.
+ Schlägt eine Arbeitsaufteilung entsprechend den Vorlieben und Fähigkeiten der Teilnehmer vor.
+ Koordiniert das Vorgehen in der Gruppe.
+ Weist auf die richtige Reihenfolge der Aktivitäten hin.
+ Weist auf Arbeitsschritte hin, die parallel ausgeführt werden können.
+ Weist darauf hin, wieviel Zeit noch bleibt.
+ Erkennt und verbalisiert Planabweichungen; ergreift Maßnahmen dagegen.
+ Setzt Prioritäten (»Was schaffen wir noch? Worauf müssen wir verzichten?«).

+ Äußert/verwirklicht sinnvolle Ideen.
+ Macht sinnvolle Konstruktionsvorschläge.
+ Findet originelle Möglichkeiten zur Materialnutzung.
+ Schlägt effektive/einfache Lösungen für auftretende Probleme vor.
+ Findet einfache/»elegante« Vorgehensweise.
+ Macht Verbesserungsvorschläge.
+ Findet einen alternativen Weg, wenn es »so nicht geht«.
+ Zieht die richtigen Schlüsse.
+ Macht auf Fehler aufmerksam.
+ Stellt fest, daß sich die beiden geplanten Systeme eventuell lediglich in der Bauweise, nicht aber im Funktionsprinzip unterscheiden.
+ Überträgt Ideen des anderen Teams auf das eigene Konzept.
+ Berücksichtigt beim Bau des Geräts wesentliche Materialeigenschaften.

- **Handelt planlos.**
- Beginnt den Bau, ohne daß ein Arbeitsplan vorliegt.
- Schlägt eine Konstruktion vor, die erkennbar nicht den vorgegebenen Kriterien genügt.
- Führt unüberlegt irreversible Schritte durch (zerschneidet Papier bzw. Schnur).
- Führt Arbeitsschritte an der falschen Stelle durch.
- »Vergeudet« Material (z. B. verwendet alle Holzlatten, um die eigene Konstruktion standfest zu machen).

- **Setzt unangemessene bzw. falsche Strategien ein.**
- Beharrt auf der Berücksichtigung von Feinheiten, die den Materialeigenschaften bzw. der Aufgabenstellung nicht angemessen sind.
- Schlägt ein Konstruktionsprinzip vor, das lediglich eine Variante des Prinzips der anderen Gruppe ist.
- Schlägt eine weit »überdimensionierte« Lösung vor, die mehr Zeit und Material beansprucht als notwendig.
- Gibt sich mit zu unsicherer Lösung zufrieden (z. B. wenn das System bei der Erprobung nur ein einziges Mal funktioniert).
- Gibt sich mit dem erstbesten Ansatz zufrieden.
- Besteht auf unangemessener Exaktheit.

- **Übersieht Wesentliches.**
- Setzt Vorgaben in der Instruktion bezüglich des Ablaufs nicht um.
- Beschränkt sich auf nur wenige Materialien, nutzt nicht das ganze Angebot.
- Verliert den vorgegebenen Zeitrahmen bzw. die für bestimmte Arbeitsschritte benötigte Zeit aus dem Auge.
- Läßt bei der Darstellung eines möglichen Konstruktionsprinzips zentrale Aspekte außer acht.
- Verfolgt eine Lösungsidee weiter, die sich bereits als nicht praktikabel herausgestellt hat.

Teamfähigkeit

+ **Hilft anderen.**
+ Hebt für jemanden einen Gegenstand vom Boden auf.
+ Führt aus, worum andere ihn bitten.
+ Reicht jemandem oder hält für jemanden Werkzeug/Material.
+ Übernimmt auch Handlangerarbeiten/stupide Aufgaben, z.B. Murmeln zählen.

+ **Lobt** eine Frage/Idee/Tätigkeit eines anderen oder das Werk des anderen Teams.

+ **Berücksichtigt einzelne Teammitglieder.**
+ Blickt beim Reden/Erklären auch weniger aktive Teilnehmer an.
+ Bietet einem weniger Aktiven eine Tätigkeit an/bittet ihn um Hilfe.
+ Akzeptiert die Kritik eines anderen.
+ Hört aufmerksam zu, greift die Ideen anderer auf.

+ **Verbreitet gute Stimmung** durch Späße, Aufmunterung, Optimismus.

+ **Berücksichtigt das andere Team.**
+ Fragt das andere Team, ob deren Idee übernommen werden darf.
+ Berücksichtigt, daß ein Gegenstand auch im anderen Team gebraucht werden könnte.
+ Reicht dem anderen Team Werkzeug/Material.
+ Gibt dem anderen Team Tips/bietet Lösungsideen oder Hilfe an.

– **Behandelt ein anderes Teammitglied schlecht.**
– Gibt jemandem »Befehle«.
– Macht andere für einen Fehler/Mißerfolg verantwortlich.
– Reagiert herablassend auf einen Vorschlag.
– Spricht eine fremde Idee sich selbst zu.
– Übergeht Vorschläge/Äußerungen/Einwände anderer.

– Stört.
– Redet anderen dazwischen, redet parallel zu anderen.
– Stört die Konzentration eines anderen.
– Nimmt jemandem Material/Werkzeug aus der Hand.
– Blockiert den Zugang zur »Baustelle«.

– Verbreitet schlechte Stimmung.
– Äußert »allgemeine Bedenken«, entmutigt die Gruppe.
– Äußert destruktive Kritik (ohne Verbesserungsvorschläge).
– Wertet die Leistung des eigenen Teams ab.

– Kooperiert nicht mit dem anderen Team.
– Reserviert sich Material, ohne das andere Team zu fragen.
– Äußert Mißtrauen gegenüber dem anderen Team.
– Macht sich über das Werk des anderen Teams lustig.
– Beansprucht Ideen nur für das eigene Team.

Initiative
+ Fragt/schlägt vor/weist hin/bittet.
+ Fragt nach Ideen.
+ Gibt Anstöße, fordert jemanden auf, etwas zu tun.
+ Macht Vorschläge zur Materialaufteilung, Abstimmung zwischen den Teams, Arbeitsteilung.
+ Setzt sich mit seinem Vorschlag durch.

+ Leitet ein/handelt.
+ Leitet die Einteilung in Gruppen ein.
+ Probiert etwas aus/beginnt zu konstruieren.
+ Demonstriert eine Idee mit Material.
+ Übernimmt eine knifflige Bastelarbeit.
+ Macht Skizze, schreibt Berechnung auf.
+ Liest bei auftretenden Fragen noch einmal die Instruktion.
+ Verhandelt mit dem anderen Team.
+ Übernimmt die Vorführung.

– Handelt nicht/ist untätig.
– Antwortet nicht oder unpräzise auf Fragen des anderen Teams.

- Steht abseits, wirkt unbeteiligt.
- Arbeitet zu langsam, wird nicht fertig.
- Sieht den anderen nur zu, tut selbst nichts.
- Handelt nur nach Aufforderung.

- **Läßt sich »deaktivieren«/wird übergangen.**
- Läßt sich Werkzeug/Material aus der Hand nehmen.
- Bekommt keine Antwort auf eine Frage/wird überhört.
- Gibt schon nach wenigen erfolglosen Versuchen auf.
- Hat keinen Zugang zur »Baustelle«/läßt sich von einem anderen blockieren.

- **Handelt sinnlos/zeigt »leeren Aktionismus«.**
- Schweift vom Thema ab/informiert über Belangloses.
- Wiederholt mehrfach, was allen bekannt ist.
- Stellt fest, daß eine bestimmte Tätigkeit ausgeführt werden müßte, beginnt aber nicht damit.
- Verliert sich in zeitraubenden Grundsatzdiskussionen, ohne Konkretes zu entwickeln.

Statt eines Nachworts

In jedem diagnostischen Prozeß – und jedes Assessment-Center ist auch diagnostischer Prozeß – stellen sich Fragen wie die folgenden:

- Was ist Zeichen, was ist Bezeichnetes?
- Für welches habituelle Merkmal ist dieses Verhalten Indikator?
- Welches Verhalten weist über sich hinaus? Worauf weist es hin?
- Wofür stehen fünfzehn Kreuze an der richtigen Stelle in einem Test?

Keine letzte Antwort darauf, aber einen »Grübel- und Schmunzelanstoß« gibt Robert Gernhardt mit seinem Gedicht

Deutung eines allegorischen Gemäldes

Fünf Männer seh ich – inhaltsschwer
Wer sind die fünf? Wofür steht wer?

Des ersten Wams strahlt blutigrot –
Das ist der Tod, das ist der Tod!

Der zweite hält die Geißel fest –
Das ist die Pest, das ist die Pest!

Der dritte sitzt in grauem Kleid –
Das ist das Leid, das ist das Leid!

Des vierten Schild trieft giftignaß –
Das ist der Haß, das ist der Haß!

Der fünfte bringt stumm Wein herein –
Das wird der Weinreinbringer sein!

Robert Gernhardt[1]

---

1 Aus: Schmitt, O. M. (2001): Die schärfsten Kritiker der Elche. Berlin, S. 146, mit freundlicher Genehmigung von Robert Gernhardt.

Autorinnen und Autoren

Hans-Jörg Didi, geb. 1964, Dipl.-Psychologe, ist seit 1992 Berater bei der ITB Consulting GmbH mit den Arbeitsschwerpunkten: Entwicklung, Anwendung und Evaluation von Leistungstests (insbesondere von Studierfähigkeitstests) sowie von Verfahren zur Diagnose komplexer (Management-) Fähigkeiten.

Ernst Fay, geb. 1947, Dr. phil. Dipl.-Psychologe, war zwanzig Jahre lang im Institut für Test- und Begabungsforschung der Studienstiftung des deutschen Volkes als Referent und stellvertretender Direktor tätig, seit 1992 ist er Geschäftsführender Gesellschafter der ITB Consulting GmbH mit den Arbeitsschwerpunkten: Entwicklung und Evaluation von Instrumenten zur Personalauswahl und -entwicklung, Durchführung von Gruppen- und Einzelassessments und Audits, von Seminaren und Trainings; Beratung von Unternehmen.

Kristine Heilmann, geb. 1969, Dr. rer. nat., Dipl.-Psychologin, zunächst wissenschaftliche Mitarbeiterin am Institut für Test- und Begabungsforschung und am Institut für Bildungsforschung, Bonn, seit 1998 Beraterin bei der ITB Consulting GmbH mit den Arbeitsschwerpunkten: Entwicklung und Durchführung von Verfahren zur Personalauswahl und Potentialanalyse, Implementierung von Potentialanalysesystemen in Unternehmen. Konzipierung und Durchführung von Führungskräftetrainings und Workshops. Entwicklung, Organisation der Durchführung und Evaluierung von Leistungs- und Eignungstests.

Ulla Maichle, geb. 1945, Dr. phil., Dipl.-Psychologin, zunächst wissenschaftliche Mitarbeiterin am Deutschen Institut für Internationale Pädagogische Forschung, am Institut für Didaktik der Physik der Universität Frankfurt a. M. sowie am Institut für Test- und Begabungsforschung der Studienstiftung des deutschen Volkes in Bonn, 1992 Mitbegründung der ITB Consulting GmbH; dort seither Beraterin und Gesellschafterin; Arbeitsschwerpunkte: Beratung von Unternehmen in Fragen der Personalentwicklung, Konzipierung, Anwendung und Evaluation von Verfahren zur Eignungsfeststellung und Potentialanalyse. Entwicklung und Durchführung von Trainingsprogrammen für Führungskräfte.

Günter Trost, geb. 1943, Dr. phil., Dipl.-Psychologe, zunächst wissenschaftlicher Mitarbeiter, dann für 22 Jahre Direktor des Instituts für Test- und Begabungsforschung der Studienstiftung des deutschen Volkes, seit 1992 Geschäftsführender Gesellschafter der ITB Consulting GmbH; Arbeitsschwerpunkte: Entwicklung, Anwendung und Evaluation von Fähigkeits- und Leistungstests, Interviews und Assessment-Verfahren im Bildungsbereich und in der Wirtschaft, Durchführung von Anforderungsanalysen für Positionen von Führungskräften, Umsetzung in komplexe Verfahren der Eignungsdiagnostik. Beratung von Wirtschaftsunternehmen in Personalfragen. Seit 1998 Honorarprofessor der Universität Heidelberg.

Handlungskompetenz im Ausland

Trainingsprogramme für Manager, Fach- und Führungskräfte

Alexander Thomas /
Eberhard Schenk

Beruflich in China

2001. 148 Seiten mit 11 Cartoons, kart.
ISBN 3-525-49050-X

„Handlungskompetenz für den chinesischen Markt vermittelt der Band Geschäftsreisenden und zukünftigen Expats. Anhand von Situationen aus verschiedenen Arbeits- und Lebensbereichen werden Programmstellungen und Konfliktsituationen analysiert und alternative Verhaltensmöglichkeiten vorgestellt. Basis der Abhandlung sind Erfahrungen deutscher Manager in der Volksrepublik, die mit deutschen und chinesischen Experten in dem Trainingsprogramm aufbereitet wurden ... Zu den Themen gehören unter anderem Aspekte wie Hierarchie, Verhandlungstaktik, soziale Harmonie und Bürokratie."
Nachrichten des Ostasiatischen Vereins

Sabine Foellbach /
Katharina Rottenaicher /
Alexander Thomas

Beruflich in Argentinien

2002. Ca. 130 Seiten mit einigen Cartoons, kart. ISBN 3-525-49053-4

Stefan Schmid /
Alexander Thomas

Beruflich in Großbritannien

2002. Ca. 150 Seiten mit einigen Cartoons, kart. ISBN 3-525-49051-8

Marlis Martin /
Alexander Thomas

Beruflich in Indonesien

2002. Ca. 140 Seiten mit einigen Cartoons, kart. ISBN 3-525-49052-6

Claude-Hélène Mayer / Christian Boness / Alexander Thomas

Beruflich in Kenia und Tansania

2002. Ca. 150 Seiten mit einigen Cartoons, kart.
ISBN 3-525-49054-2

Tatjana Yoosefi /
Alexander Thomas

Beruflich in Russland

2002. Ca. 150 Seiten mit einigen Cartoons, kart.
ISBN 3-525-49056-9

Sylvia Schroll-Machl /
Ivan Nový

Beruflich in Tschechien

2002. Ca. 150 Seiten mit einigen Cartoons, kart. ISBN 3-525-49055-0